四千萬跨海詐騙案：奇蹟般追回全額！

她，走出黑暗，活得更燦爛！

當你的世界都崩毀，至少還有自己——你在，就是一個完整的世界。

改寫人生劇本，你可以！

黃定宜——著

U0014315

Contents

目　錄

推薦序 1

◇◇◇◇◇◇◇◇◇◇◇◇◇◇◇◇◇◇◇◇◇◇◇◇◇◇◇◇◇◇◇◇◇◇◇◇

在這個瞬息萬變的世界中，我們每個人都是自己故事的主角，面對生命的風風雨雨，我們選擇堅持、選擇勇敢、選擇以最燦爛的姿態活在每一個當下。本書，便是這樣一位女性英雄的真實縮影，他的名字代表著堅韌不拔和聰慧過人——一位在職場如戰場般爭鬥多年的高階女主管。

在他的全世界似乎崩毀之際，他證明了自己是一座堅固的城堡。當別人談論黑夜的絕望時，他選擇將夜空中最亮的星星串成希望的光芒。他的故事不僅是一段關於財務與情感的起伏，更是一場靈魂深處的探險。

這位資深女主管以他的親身經歷，站出來成為那道燦爛的陽光——證明即便在最為艱難的時刻，人性的光輝依舊可以照亮前行的道路。他的故事是

一首頌歌，歌頌著內在力量的偉大，歌頌著正能量
的力量。

　　作為一位身心靈導師，我見證了無數求助於
心靈力量、期望在混沌中尋找光明的靈魂。然而，
這位女主管的故事，無疑是一份特殊的禮物。他的
堅強，不是出於無奈，而是選擇；他的聰明，不是
為了操控，而是為了解放。他教會我們，無論外界
環境如何變遷，真正的力量來自於一顆不屈不撓的
心。

　　在這本書中，他毫無保留地分享了他的失敗
與成功，他的痛苦與歡樂。他沒有選擇隱藏那些傷
痕，而是將它們展現出來，成為指引他人的明燈。
這份勇氣，這份坦誠，是如此難能可貴。

我們每一個人都有可能遇到使我們跌倒的風浪，但記住，當你的世界都崩毀，至少還有自己。因為你在，就是一個完整的世界。願這本書的每一頁，都能成為你在黑夜中最堅實的支撐，讓你明白，在生命的每一個階段，即使面對絕望，我們也能選擇堅持要燦爛過日子。

　　在這段旅程的終點，我們不僅會見證一個人的重生，更會見證一段傳奇的誕生。讓我們一起翻開這位不凡女性的生活篇章，從他的智慧中汲取營養，從他的經歷中學習堅韌。

　　他沒有被困難所囚禁，反而用這些挑戰作為跳板，跳躍至更高的境界。這本書不僅記錄了他的奮鬥和勝利，也映射出我們內心深處的渴望和力量。這位女主管以他的故事，告訴我們每個人，即使在最黑暗的時刻，我們也有能力點亮自己生命中的燈塔，指引自己走向希望。

讓這本書成為您手中的羅盤，在人生的航海中，無論遭遇怎樣的風浪，都能找到方向，駛向心中的港灣。願您在閱讀他的故事時，能感受到那股從骨髓深處散發出來的熱情和力量，並將這份力量轉化為自己的正能量。

　　正如書中所言，當你的世界都崩毀，至少還有自己——你在，就是一個完整的世界。在這位女主管的引領下，願我們每一個人都能在自己的世界裡，創造出屬於自己的燦爛。

蘇菲亞寫於蘇菲亞國際身心靈學校

推薦序 2

◇◇◇◇◇◇◇◇◇◇◇◇◇◇◇◇◇◇◇◇◇◇◇◇◇◇◇◇◇◇◇◇◇◇◇◇◇

　　我家一共有三兄妹，我是大姊，定宜是老么，小名藍萍，我們的年齡相差八歲，他上面還有一個哥哥。定宜一向聰穎，從小個性好強，極有自己的主見。

　　還記得他剛讀小學時，有一次午餐時間母親煮了豬肝湯，他當下就拒吃，說討厭豬肝。我說豬肝有營養，以前人生病才有得吃，你怎麼可以不吃？他堅持不吃就是不吃，我屢勸不聽之下大動肝火，拿起雞毛撢子就去打他。兩人追逐了半天，終究沒能讓他吃下一口豬肝。小不丁點的他，讓我見識到了什麼叫做絕不妥協的個性。

　　由於他是么女兒，又天生一雙大眼睛，長得可愛甜美，所以特別受到父母的鍾愛。有一天母親跟我說，父親說過他老了要跟妹妹一起住。我聽了覺得好難過，同時也感到嫉妒不已。

他從小的文筆就不錯，唸台中女中時，參加省教育廳的徵文比賽，獲得高中小說組的第一名，當時我們全家都感到與有榮焉。也正是如此，他最大的志向就是當一名記者，最終他也如願進入了世新就讀。

　　他在《中華日報》擔任記者時，因為是菜鳥，他跑的路線很多，也經常被更換路線。從跑醫藥衛生、體育線的社團記者，到教育、藝文的文教記者，最後到跑中興新村的省政記者，雖然時常有精彩的獨家新聞報導，但因為那個年代的重男輕女思想頗重，始終沒有讓他大展身手的機會。由於能力太強，老鳥又吃定了他，最後他決定辭職不幹，轉入保險界從基層做起，一步步往上邁進，最後成為高階主管。

2021年年底，當我知道他發生事情時，一切已太遲了。2022年年初，他自己也終於認清，整個事件的確是個詐騙。他的反應卻出奇冷靜，完全接受這個殘酷可怕的事實，我的擔心一掃而空。他，畢竟是黃定宜，沒有什麼事可以擊倒他的。

　　接著，他勇敢面對迎面而來的困境，他說他絕不宣布破產，他要在有生之年，盡自己最大的努力，清償所有的債務。當他全部財產被假扣押時，他的生活陷入困頓；緊接而來的是，房子被查封、法拍。在拮据的生活中，為免信用破產，他每個月還要想辦法到處籌錢償還銀行貸款及利息。即便生活如此糟心，他每次出現在我家時卻總是笑臉迎人，從來沒嘆過一口氣、皺過一次眉，我被他的堅強所折服。我告訴他，此事若發生在我身上，我早就掛了。當跨國官司順利落幕，並有著令人驚喜的結果時，我忍不住淚流滿面。

我在我妹身上看到很重要的兩點：

第一點，人生是可以翻轉的；前提是，你必須先改變自己。

第二點，人的潛能是無限的，只是看有沒有被激發而已。

像我妹妹，如果不是發生這件事，他今天百分之百仍舊自以為是地認為自己是第一把交椅，厲害得不得了。但發生了這次鉅額的詐騙事件，使他不得不承認自己的不足，更迫使他跨足到其他的領域。現在的他，像八爪魚一樣，將自己的觸角伸得又廣又深，而且表現得亮眼極了。

因此，我在這裡深深祝福我最親愛的妹妹，能夠再創人生高峰，成為傳奇。

黃定安（作者的親姊姊）

推薦序 3

黃定宜，外號二姐，我認識他已經有二、三十年了。還記得第一次見面時，他的自我介紹就讓我印象深刻。他說：我姓黃名定宜，把我的名字倒過來唸，就叫做宜定黃（諧音一定黃）！怪不得我一輩子想忘都忘不了，或許，這就是所謂的緣分吧。

在我的眼裡，二姐是一位前不見古人，後不見來者，空前絕後、獨一無二、美貌與智慧兼具一身的女性，用小辣椒來形容他，是最恰當不過了……

因為凡事都求好心切，二姐無論做任何事，都可以用一句話來形容他的行動力：天下無難事，只怕有心人。所以迸出來的火花，就是事業節節高升，當上了壽險公司傑出的處經理，值得讚嘆！

或許因為他的能力太過強大，惹得老天爺跟他開了這麼一個超級大玩笑！一向謹慎小心的他、凡事求證的他，竟然會被詐騙了4000多萬！其中的

過程曲折離奇，劇情高潮迭起。因為上了「遇見」的課程，了解更多理所當然，顯化了共同意識資料庫裡面的貴人、可能性、靈感，經過一年多後，被詐騙的4000多萬元，終於飄洋過海回來了！

這整個跨國打官司的過程我都參與其中，一起分享著劇情裡的喜怒哀樂。二姐最讓我佩服的是，當他的美夢被打醒時（原本以為這4000多萬會賺更多的錢回來，但最終不得不承認這只是一場騙局），當下理性接納，尋找方法。堅定不移的信念，終於柳暗花明又一村了！

作為好朋友的我，在此深深祝福二姐的未來越來越精彩～好書大賣！

范繡良（作者的閨密，風信子學士店仕女軒美容館負責人）

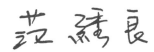

推薦序 4

◇◇◇◇◇◇◇◇◇◇◇◇◇◇◇◇◇◇◇◇◇◇◇◇◇◇◇◇◇◇◇◇◇◇◇◇

　　認識二姐，是在台中市BNI鳳凰分會擴大商機日時，有緣相見的。當時短短的互動，他展現出的氣質，讓我覺得二姐一定是一個非常優秀的保險業從業人員。

　　不過受限於BNI分會專業代表只能有一位的規定，且保險從業人員人數過多，因此，雖然二姐在業界非常優秀，而且也認同BNI的系統理念，仍然有可能造成遺珠之憾。當時的我，覺得錯過這樣一位優秀的夥伴，實在可惜。因此當天就跟他約定找一個時間一起聊聊，如何在BNI開創另外一個局勢。

　　二姐是個豪邁的女性，經過兩次見面溝通後，二姐信心滿滿地告訴我，想籌組一個以他為主的BNI分會。從引導進入BNI系統，到落實學習，二姐從不打折的落實所有流程。我只有一個想法，問

他願不願意跟我一起再來籌組一個分會，由他為當然的1號壽險業代表會員。

經過了兩年多的時間，過程雖然不如預期的順利，但，我們一路碰到問題、解決問題，而有了豐華分會。從第一屆主席，到為負責完成設定的預設目標，終於在第二屆完成了50人的白金分會。

二姐的個性，帶有堅持、剛毅、理所當然、不容否定、說一不二、堅持己見的強勢個性。雖然夥伴們在某些事件上並不認同這樣的做法，但是因為二姐的態度堅決，讓一些夥伴雖有意見，卻不敢極力主張。在豐華完成階段性目標後，他又想趁勝追擊，籌組另外一個分會。

可是因為人事的問題，讓二姐在另外一個分會頗受打擊，讓他決定陣前換將。我相信，這件事情

對二姐來講應該是一個非常大的挫折。因為在他的字典中，應該沒有臨陣脫逃這幾個字。

是否因為當時的情緒低谷，讓有心人士得以趁虛而入？我所認識的二姐，除了在保險業成果豐碩以外，也非常會照顧自己、保養自己、投資自己。因此，雖然我認識他三年多，從來不相信他的外型，跟本人差了將近20歲。

2021年年中，因為疫情三級警戒，網路交友，讓聰明一世的二姐，碰到人生最大的一個挫折。因為迷失，讓他在短短的半年之內，不但所有的財富付之一炬，還擔負借貸數千萬元的債務。這在旁人或許早就一蹶不振，但我欣賞二姐的是，雖然已經一無所有還債台高築，前方看似毫無機會，但二姐卻努力找方法。透過「遇見」的課程，學習清理、宣告，讓自己一次又一次地從完全無望到有脈絡可尋。從曙光中找亮點，找人脈，透過香港律

師協助。從滿懷期盼地相信自己有機會拿回部分的損失，到超乎想像的拿回全部。

　　我常常想，二姐的故事告訴我們人生有非常多的不可能，但只要你堅信，宇宙願意，心想事成只是剛好而已。短短的三年過去了，二姐從人生顛峰，跌到谷底，再回到豐盛，我想除了他堅信自己可以不會被打倒外，也相信上天的力量會讓豐盛的一切來到我們的面前。

　　朋友們，如果你還處在人生不順遂的狀態下，想想二姐的過程，我相信你應該會有更大的信心以及毅力，去突破現狀，創建更美好的自己，擁有更美好的人生。

徐佩娟（BNI台中市中心區執行董事）

徐佩娟

推薦序 5

應該是民國85年左右，我在青商會要辦場口才研習課程，找了4位曾獲全國金口獎（演講比賽）冠軍的會友擔任講師，定宜學姐就是其中1位。當時即對二姐印象深刻，有氣質口才又好。

深入瞭解後，才知道他是我世新學姐，編輯採訪科畢業，曾任《中華日報》記者，文筆佳，酒量更是一級棒，轉戰保險業也經營得很成功。印象中，二姐氣質非凡，開名車、品酒、打高爾夫球，妥妥的人生勝利組。

2021年12月30日，我接到二姐來電要跟我借錢。坦白說，我有點意外，但我想他應該有急用，立即約見面將錢拿給他。一個月後，二姐跟我說他遭到國際金融詐騙，目前已在台灣及香港報案。他提到整個詐騙事件，就像是被催眠似的配合演出，前後匯款10次，金額高達台幣4000萬元。

我有位朋友也被國際金融騙了1000萬，我已經覺得很離譜，精明能幹的二姐居然也會受騙？而且金額這麼大！我個人覺得，這些錢應該是討不回來了…心想，二姐接下來該怎麼辦？

　　2023年3月，二姐通知我說他可以還我錢了，而且被騙的4000萬，全部都要回來了！這簡直是八點檔劇情，不可置信！二姐有大概跟我聊起他如何解決這事，只能佩服他面對事情，意志堅強，努力找出解決事情的辦法，甚至再跟朋友借錢，聘請律師跨海打官司。

　　二姐決定將這事整個過程公開，並出書做個記錄，就當做是警世教材，我更加佩服他的勇氣。我們就拭目以待，了解這位女強人，如何一步步替自己討回公道。

陳宏信（台中市世新校友會第12屆理事長）

推薦序 6

人生就是一齣戲，每一齣戲的角色有加害者、被害者、觀眾，每位角色演出到位，呈現出高低起伏、分別對待的精彩劇情。

2020年2月3日BNI夥伴曾雅吟分享建安學院「遇見」課程，第一堂課程結束，當下我的心得是：「胡說八道、怪力亂神」！但是其中有一張投影片，卻是莫明地共振到我。投影片的內容是：沒有什麼是「不可能」，「如果可能 怎麼發生？」，「如果正確 什麼原理？」。建安老師還有一句話讓我很有感覺：「60元就可以將家庭、事業、婚姻、財富處理到自在圓滿！」。

因為這成本實在是太划算了，透過經常的複訓課程，理解明白、慈悲祈禱、練習操作。最有

感受的是，家人健康好轉、對立情感鬆開、財富狀態穩定等諸多心得，更覺得人生就是一齣戲。

　　當初是在BNI商會與二姐結緣，成為他的保險客戶，之後我介紹二姐也一起來上「遇見」課程。2020年第一次初訓，2021年第二次複訓，而在2021年11月底，二姐因相信某個投資機會，急需資金週轉一至二個月，故情商用我及公司（借款人）名義，加上二姐提供的擔保品，向租賃公司借款新台幣600萬元（兌換美元後約209,435），再將該筆美元款項匯出去到香港。

　　2021年12月底第一期還款期限到期時，我曾詢問二姐，資金是否已回籠？二姐回覆說可能要等到2022年1月初。到時間點我又再次詢問，

依然得到可能又會往後延的回覆。這時我很平靜
地告訴二姐，要不要和建安老師預約時間協助釐
清？

2022年1月11日和建安老師碰面，並經由
親友協助釐清後，才發覺竟碰上了詐騙劇情，那
時已匯出共計約4000多萬新台幣！二姐有找建
安老師象棋卜卦，詢問此筆資金是否可以回來？
卦象卻顯示：不會！二姐當下理性接納，說：好
吧，那就努力賺錢來還吧！

之後，二姐透過經常複訓「遇見」課程，
理解明白三維劇情結構原理，所有的物質都是能
量！當下發生的所有劇情，不解釋不當真，並以
愛的能量為這些劇情所有相關的人（被害者、

加害者、觀眾）、事（二元劇情）、物（能量糾結），慈悲祈禱。

當所有操作皆到位後，二姐呈現的狀態「心情穩定、能吃好睡」，接下來發生的是：營業處在中區業績達成率名列前茅、香港訴訟費新台幣約100萬有貴人相助、2022年7月詐騙帳戶順利查封209,435美元、2023年3月1日成功轉回台灣帳戶約港幣1136萬元（新台幣約4393萬元），經歷詐騙劇情還多賺匯差400多萬元，真的是有夠爽的啦！

我極力推薦本書，二姐這齣劇情的心境過程、以及如何操作到位，是一個非常棒的見證！感恩讚嘆建安學院遇見課程，讓家人愈來愈理解明白，不同時相空間的結構原理！

感恩讚嘆三維劇情示現，讓家人有機會鬆開不同平行時空的所有能量糾結狀態！

感恩讚嘆建安老師及家人陪伴，一起共振事業、家庭、財富、健康，自在圓滿無限可能！

Aio（建安學院家人）

Aio

推薦序 7

◇◇◇◇◇◇◇◇◇◇◇◇◇◇◇◇◇◇◇◇◇◇◇◇◇◇◇◇◇◇◇◇

親愛的讀者：

在這本真摯而動人的著作中，二姐分享了一段人生中的低谷時光，以及在這段艱難歷程中所獲得的善意和支持。這不僅是一本書，更是一段個人成長和反思的旅程，教導我們在逆境中如何保持堅強、如何接受別人的善意，並最終找到重新振作的力量。

二姐在面對人生逆境時，不僅沉浸在痛苦和打擊中，更意識到周遭有無數善心人伸出援手。這樣的故事提醒了我們，即使在最黑暗的時刻，仍有無盡的可能性和溫暖的光芒。他的經歷不僅是個人的奮鬥，更是對人性善良力量的一次深刻探討。

這本書的出版不僅是二姐個人經歷的回顧，更是對於一整年奮鬥歷程的總結。在書中，二姐以感性且真誠的筆觸，細膩地描述了自己在這段時光中的種種感悟和領悟。這不僅是他個人的成長歷程，也是對所有讀者的啟發，讓我們反思自己的生命價值和克服困難的勇氣。

　　這本書的價值不僅在於分享二姐的個人經歷，更在於他如何將這段經歷轉化為對他人的啟示。他以自己的故事勉勵讀者，提醒我們即使在最困難的時刻，也不要放棄希望和對自己的信心。這樣的鼓舞和正能量，使這本書更加具有感染力和深刻的價值。

作為二姐的朋友，我深知他是一個充滿智慧和善良的人。他的故事不僅是他個人的經歷，更是對生命的深刻體悟。我誠摯地推薦這本書，相信每一位讀者都能從中找到屬於自己的力量和啟示。

　　祝願這本書能夠成為你人生旅途中的一盞明燈，照亮前行的道路。

誠摯推薦
車姵嚙（凱雅郡股份有限公司）

Preface

作者自序

在歷經人生低谷的時候，我備受打擊和痛心
親人的冷酷變臉，但同時也接收到許多貴人的善
意和經濟支援。這麼多人在我墜落的時候，紛紛
伸出手來接住了我。我始終提醒自己要記得這些
美好的善意和體悟，同時也希望有人能從我的經
歷中接收到這些善意的力量，不要對這個世界絕
望，不要放棄自己。當你的世界都崩毀，至少還
有自己——你在，就是一個完整的世界。

這本書會出版其實是被催促出來的。我在講
座上分享這段經歷的時候，很多人都想知道更多
細節，紛紛問我什麼時候要出書。雖然我已有計
畫要出書，原本覺得可以慢慢來進行的，結果一
再被問之下，我脫口承諾了一個時間。2024年
出版的時間正是所有詐騙金額飄洋過海、回到我
自己的帳戶滿週年的時候，留下記錄讓這件事情

有一個交待，算是為過去曾有過的艱苦一年做整體的回顧；同時也在這個回顧過程中，有了更多新的體悟和領會。

也是在講座之後的個別輔導時，我發現有很多人容易陷在自己人生中的某一關卡就是過不去，讓我為他們感到不捨和不值，也激發了我想要幫助更多人的念頭。每次講座儘管場場爆滿，但終究能聽到的人實屬有限，若是能印成書籍出版，起碼有更多的人有機會看到。朋友和家人們的支持和鼓勵，使我跨出寫下人生第一本書的第一步。

經過這次事件之後，我更加堅信：永遠保持心中的善良，把自己變成一道光，因為你不知道誰會依著你的光走出黑暗。一點微小的光亮便

可驅除龐大的黑暗，如同一支蠟燭可照亮一室的
黑暗，願世上不再有誰因為某些人的不善良而絕
望。獻給那些失去一切、誤以為已經走投無路的
人；也獻給那些願意對懸崖邊、泥沼中的人伸出
援手的人：你們成了別人生命中的一道光，也點
亮了他們的心靈，使之變成另一道光。

Chapter 1

第一章

契合的他，
是正緣還是煞星？

「早上好，今天也一樣關在家裡嗎？香港這幾天的天氣都很好，但外面街道上沒什麼人，平時早上公園都會有一些老人在運動，很久都沒有出現人群了。」

「嗨，又是我，中午你在家吃什麼呢？自己一個人住要注意營養均衡啊，別懶得煮就吃泡麵，雖然台灣的泡麵很好吃。」

「晚上好，今天在健身房運動完回家，我自己煮了義大利麵，配了一瓶平價紅酒，你猜今晚的主食是什麼肉？答對了，是牛肉。你喜歡吃牛排嗎？等解封之後你若來香港一定要來找我，真的很想帶你去一家我很喜歡的牛排館，那裡的主廚煎的牛排是一絕，喜歡牛排的你一定得試試！」

「早上好，今天天氣有點陰，不過不影響我的好心情，因為我每天都可以傳訊息給你。感覺台灣的陽光會隨著你的訊息一起傳送過來，只要看到你的訊息，今天對我來說就是晴天呀。」

這是初期收到的訊息，一開始我沒有多理會他，畢竟是在網路上認識的，誰還沒個戒心呢？個人資訊我也只告訴他一點點，但就這麼有一搭沒一搭地聊著，對方倒是上心了。每日訊息問候不斷，還把他的祖宗八代什麼家底全都倒了個乾淨。這個人到底有沒有危機意識啊，就這樣隨便信任網路上認識的人？他的成長奮鬥史交待得這麼清楚，連哪個主管賞識提拔他，哪個同事暗中給他使絆子都說了，真把我當樹洞了？但我的冷淡沒有嚇退他，一日一日地，他勤勞不綴地照

三餐關心問候，我也漸漸開始正視這個人的存在了。

時值2021年，新冠肺炎疫情正嚴峻的時期，總是忙碌地四處跑的我被迫宅在家一段時間。雖然還是可以在家開線上會議，但原本匆忙緊湊的步調仍舊慢了下來。有了大把空閒的時間又不能出門時，一切只能依賴網路對外聯繫了。因為宅在家，過去從來沒有想過的問題，如今關在家裡倒是琢磨出一點感覺了。離婚多年來一直保持單身，因工作忙碌而充實，也有不少朋友可以一起吃喝玩樂，不甘寂寞的我開始在網路上參與各種社團和論壇。我一向自信能把日子過得風生水起，就算足不出戶也是閒不下來的。

在一個熟齡社群中，我認識了一位香港人趙志遠。他在香港賽馬會的慈善事務部（註）工

作，父親是退休教員，從小的生長環境不是很好，生活過得很是清苦。他進馬會工作一段時間之後，因為上頭部長的賞識提拔，好不容易才進入慈善事務部工作。他很喜歡小孩，因職務的關係，多次到藏族地區去跟孩子們互動。他說孩子們純真善良，在跟小朋友相處的時候，覺得自己又找回了年輕的感覺。

我看到他傳過來跟孩子們的合照，背景是綠色的山丘，他和小朋友們一個個拍合照。孩子們紅紅的臉頰看起來很純樸，他溫和的笑容看起來有點暖，似乎是個脾氣溫和、性格穩定的暖男。看多了他的生活照片，我對他開始感到有些親切。他說自己的老婆因癌症已過世多年，當時為了給老婆治病花了不少錢，之後由於工作忙碌，至今仍維持單身。他獨自一人在香港工作，下班後就是去健身房運動、作息規律，每天晚上會打

電話問候在家鄉的父母。很孝順也愛家愛妻，看來人品是不錯的，我給他打了個中上的分數。

「現在已經二點，別忘了等下三點你有個很重要的會議要開，東西都準備好了嗎？為了這個會議昨天很晚睡吧？再忙也要三餐定時喔，有體力才能去打打仗不是嗎？祝你開會順利、馬到成功！」

「看氣象報告，台灣明天會開始降溫變冷了。雖然你不用出門，但你很愛待在陽台，別忘了要披件外套啊，感冒了我會擔心你。其實我想說的是心疼，但又怕這樣說會給你壓力。我一點都不想給你帶來任何負擔的，如果你覺得過了，隨時跟我說好嗎？」

「今天我看著食譜煲了一鍋養生雞湯，想著要是你也在就好了，天氣冷來一碗熱熱的雞湯別提多舒服了。如果能親眼看到你喝我做的雞湯，哇，那真是幸福！光是想像我就感到很開心！」

「嗨，美女今天的心情如何？發幾多次訊息你都沒回，想必今天很忙吧？別忘了按時食飯喝水呀，你一忙起來就忘了喝水，不就是需要我來提醒你嘛。只要你願意，我可以一天三餐六次都提醒你要喝水，這項任務我很樂意承包！」

「今天中午傳的訊息你沒回應，整個下午每隔半小時我都看一眼手機，你仍然未讀，今天

很忙嗎？明知道你沒有義務要馬上回訊息，我
還是很期待看到你的回覆。我不想給你壓力，
更不想改變你，你就繼續維持自己的樣子吧，
我喜歡看到那樣做自己的你。」

　　「不知從何時開始，我已經把跟你聊天當
做一天中最重要的事了，生活也變得有滋味多
了。在工作的時候、吃飯的時候，總想著要傳
訊給你。相信我，現在你所看到我的訊息，都
是我極力克制的數量了，因為我不想給你任何
壓力，更怕你會厭煩我頻繁地傳訊息。不明白
自己什麼時候變得這麼患得患失了，我的情緒
一向起伏不大，最近的我真的不太像我了。」

　　「嗨，今天的工作不太順利，一整天忙轉轉
的卻是做白工，真是不知所謂。」

不知從什麼時候開始，我漸漸習慣了他的關心與內心剖白，兩人的往來也從文字訊息上升到了講電話。他的生活很規律，每天差不多的時間打給我煲電話粥。不知不覺中，隨著時間過去，我發現他愈來愈多的優點，不僅僅是穩重可靠、細心體貼，還有些幽默感，更有些才華。而更難得的是，他很願意尊重我，很在乎我的感覺。覺得自己被好好珍視的幸福感油然而生，他在我心目中的分數愈加愈高。我為兩人時常出現相同思路的默契而驚訝，相同的興趣使我們的話題永遠聊不完，尤其他也喜歡品紅酒、收藏紅酒。我們天南地北無所不聊，也不知道哪兒來那麼多事好聊的，跟他聊天時間就過得特別快，每一天都很開心。

每天晚上，等他電話問候完老父母之後，就會來電開始睡前的聊天。他的聲音略低沈且從容穩定，一聽就給人很可靠的感覺，有時候甚至還有些口拙，好似不太善於表達情感。但從他關心的語氣中可以感受到他真誠的心意，他的聲音聽久了，也有一種習慣性的親切感和信賴感，好像天塌下來都不必擔心的安心感覺。我的一言一行彷彿可以輕易地影響他的情緒，看到他為了我憤憤不平、擔心和心疼，努力地想為我做些什麼，我感到無比的安全，好像只要這個人在，那些風風雨雨都會被他擋在門外。我想，看到一個人赤裸裸地把一顆心攤在你面前，真的很難不心動的。他事事為你著想，關心你、尊重你，一切以你的感覺和意願為最高指導原則，把你說過的話都放在心上，記住你的每一個喜好，真的很令人舒心，一種前所未有的熨貼暖了我的心。

「今天香港下了一整天的雨，心情有些陰暗，因為我想你了。雨天總是令人多愁善感，你也會這樣嗎？期待晚上快點到來，聽到你的聲音我的心情就會變好了。」

「最近工作的時候感覺特別有勁，因為覺得心中很充實，好像一直空落落的內心被充滿了能量，這都是因為認識了你的關係。以前我沒想過，有沒有認識一個人前後會差別那麼大，我變得更積極更陽光之外，還帶給我對人生的希望。認識你之前，我想著人生就這樣平淡無奇地過下去吧，沒想到人生都過一大半了，居然還會遇到你這樣的人，好似枯木遇到一場春雨甘霖，又開始長出綠葉重新煥發生機了。感謝老天讓我認識了你，這樣說會不會太肉麻了？哈～希望你不要因此嫌棄我。」

「今天下午我離開公司去買咖啡的時候，在馬路轉角看到我們部門的一位女同事和我們公司某個部門的執行總監在拍拖！好驚人啊，這兩個都是已婚人士，都各有家庭和小孩了，怎麼敢做出這樣的事來？那我以後在公司看到他們要怎麼面對？不對啊，怎麼搞得好像我才是當事者，根本不關我的事啊，怎麼我自己反倒先心虛了？哈哈～」

趙志遠傳給我幾張生活照，照片中的他看起來挺有活力的，沒有一般中年男人的暮氣沈沈，五官不算出眾但溫和端正，跟他的聲音一樣給人一種很穩重可靠的感覺。我每次和他對話，都在想像他是什麼樣的表情和眼神。看著他的照片太多次，閉上眼都能在心中勾勒出他的輪廓，我甚至能想像出他說話的神情。有時候，會突然很想看到他各種不同的樣子，他開心是什麼表情？他

驚訝時又是什麼眼神？他會為了什麼事情生氣？
他在工作時是什麼樣子？他認真的樣子一定很帥
氣。

「自從上次在街邊看到那兩個人之後，不知
怎麼搞的，在外面好幾次都看到他們兩人在一
起。可能之前沒有特別留意過吧，現在哪都看
得到他們，真是神經！我無法想像他們的家裡
人萬一知道這件事會怎樣？我沒出軌過，也很
難想像，我這人心裡想什麼都掛在臉上，還沒
偷吃就什麼都寫得清清楚楚在臉上了，可見我
沒那個命也沒那個膽做這種事。」

「之前我們公司去台灣踏勘的審議結果出
來了，總公司決定要在台灣設立分會，雖然還
未開始正式啟動，但已經拍板定案了。聽到這
個消息我真的很開心，到時我要積極爭取請調

去台灣分會，這樣我們就能常常見面了！如果政策許可，我想申請移民，把老家的父母一起接過來，這樣我就沒有後顧之憂了。以後也許我們也可以生活在一起了，真希望那天快點到來！」

「因為太想你了，我用你的名字寫了一副藏頭對聯。『定海神針定乾坤　宜室宜家宜天下　橫批：黃袍加身皇上皇』，你看，是不是很符合你的人設？我知道你是心有山壑的人，就是要這麼霸氣的對聯才配得上你的氣場！」我開心地掩住嘴偷笑著，他真的好厲害呀！被一個人如此欣賞和肯定，充實了我內在深處所有的空缺和不自信。感覺我在他心目的地位勝過他在我心中的份量，這給了我充分的安全感，我能掂量得出他是比較喜歡我的那一個。一直以來，在感情上都是我比較愛對方、付出比較多的，想不到如

今換我坐到感情天秤的另一端，看著對方心中眼中都是我的那種感覺真的很美妙。我想，上天終於要對我公平一次了，也許這次才是我命中的正緣。

　　於是，也不知從什麼時候開始，我默默留意著生活中的各種事情。朋友推薦的好餐廳記下來，想著等他來台灣時一定要帶他去，網路上看到什麼東西也會想著他應該會喜歡這個吧？發生了什麼事情，總想著晚上一定要好好跟他說說內心的感想，也不自禁想像他會是什麼語氣和評論。雖然他人在香港，可我卻覺得兩人很親近了，因為生活中所思所見處處是他，這樣的感覺很久都不曾有過了。我感受到一種久違的幸福，人生更是充滿了未來的想像和希望。不管發生好的、不好的事，每天都是開開心心的，沒有什麼事能令我沮喪，這種充滿能量的感覺讓我覺得自

己年輕了二十歲。我每天都興高采烈地工作和生活，過得十分充實又愉快，覺得人生也不再有遺憾。

我想像著若疫情解封，我飛去香港見他的種種情境，也預想著未來若他搬來台灣居住的各種可能發展。不知何時，我早已默默地將這個人放進我人生的規劃藍圖中，去想像各種可能性了。這樣的想像很快樂，也想過萬一見了面沒有了電話聊天中的那種感覺該怎麼辦？他的深情和堅定讓我所思所想都是萬一我對他的感覺不一樣怎麼辦，也從沒有想過，他有可能不會是像他所宣稱的那樣。

對我來說，感情上的安全感是最難得的一樣東西，而他給足了我這個安全感。我們之間的契合程度遠超過當初的預期，他讓我感覺到我們的

未來是緊緊繫在一起的，差別只在於時間早晚而已。我開始期盼疫情快快過去，香港可以早日解封，我們才能跨出幸福的下一步。

註：香港賽馬會於1884年成立，當時是以推廣賽馬及策騎活動為宗旨的會員制會所。時至今日，馬會透過獨特的綜合營運模式，結合世界級賽馬及馬場娛樂、會員事務、有節制體育博彩及獎券，以及慈善與社區貢獻，創造經濟及社會價值。馬會底下有「慈善事務部」，透過「馬會慈善信託基金」為弱勢社群提供適切支援，並加強社會各界的應變能力。

　　「馬會慈善信託基金」位列全球十大慈善捐助機構，截至2023年捐款總額為73億港元，支持247個慈善及社區項目。2003年，香港面對「沙士」疫情肆虐，馬會提供衛生防護方面的緊急支援，其後更撥款設立衛生防護中心。2020年，在新型冠狀病毒疫症爆發初期，馬會本著「快」、「準」、「新」三大原則，透過捐助抗疫關懷包、加快審批前線機構提交的撥款申請，

以及支援受疫情影響的各界人士，包括學生、首
次求職者、長者，以及需要食物援助的人士，回
應社會各方面的需要。

資料來源：香港賽馬會官網
https://corporate.hkjc.com/corporate/chinese/
who-we-are/charities.aspx

Chapter 2

第二章

急轉直下
職場菁英的墜落

就這樣到了某一天，趙志遠突然說他任職的香港賽馬會慈善事務部有一個公益彩券抽獎活動。這是一切噩夢的開始。我後來才知道，那些經驗豐富的詐騙集團研究人性心理十分透徹，藉由每日聊天取得我的個人資料及關係網路並紀錄彙整，專人分析之下很快就掌握到我的心理弱點，進而編寫好一部環環相扣的客製化劇本。先是無傷大雅的一小步，再順理成章地引導我一步接著一步，愈走愈深，所用的理由聽起來一切都很正常、很合理，但等我反應過來，早已被陷阱套中牢不可拔。

　　在社會上打滾多年，向來自信的我，簡直無法相信自己遇到傳說中的網路詐騙還中了招，自以為有所防備，卻仍不自覺一步步深陷其中，在對方天衣無縫的安排下信以為真，匯出一筆又一筆的資金，又為了救回先前已投入的款項，不斷

借錢想回釣卻金沈大海。到最終不得不承認，這兩個月經歷的一切全是假象；我，遇到了詐騙。

更令我心痛的是親人的變臉。有一位對我照顧有加十分疼愛我的親戚Ａ，我一直把他當父兄一樣看待，從小我們的感情就很親近很要好。2022年9月在我急需資金的時候，親戚Ａ很乾脆，一口氣借了我680萬，當時的我和他都以為，這筆借款在一個月內就可償還。親戚Ａ是基於信任我向來的信用和資產背景（我有房有車有存款），而我則是因為相信了趙志遠。

一個月之後，到了當初約定還款的時間，而我還不出錢的時候，一向與我親如家人的親戚Ａ突然翻臉逼著我還錢，迅速地假扣押我的房子、凍結我所有的存款。我苦苦哀求他先解除假扣押讓我把房子賣掉才能有錢還他，但他無論如何都

不肯，只是十分強硬地要我還錢。他不顧我的困境，每個月都把我入薪的帳戶存款提領一空，多次對我惡言相向，開口閉口就是要我還錢，儘管他不愁吃穿、身家上億。

我從來不曾預想過，也無從想像，一向疼愛我的親戚Ａ會有如此冷酷無情的一面，幾十年親如父兄的家人關係一夕之間變得有如仇敵。我不禁懷疑，過去那樣親密和美好的一切是否真實存在？你，是我的家人還是仇人？曾經熟悉的世界為什麼會變成這樣？原本美好的生活瞬間崩毀無存，我從有房有車有存款變成一無所有還負債數千萬元，這到底是怎麼發生的？

一夜之間，我突然看到了很多以前不曾見過的場面，接踵而來的債務巨輪壓得我喘不過氣，我甚至沒有多少時間去質疑和悲傷。為了償還前

前後後加起來四千萬元龐大的債務，每一天我都拼了命到處想辦法賺錢，賣車賣房、挖東牆補西牆，也絲毫不敢浪費時間去悲傷。努力想搞清楚怎麼一回事的我，為了追回被騙走的鉅款，四處奔波去學習、做功課，翻爛了通訊錄到處去諮詢和請託，動用所有人脈借東款補西債，再想辦法慢慢還錢。

　　為了維持還款信用，我幾次傾囊一空，連住處和生活費都成問題，全靠親友接濟收容。有朋友不忍，一度勸我只要宣告破產便不需再扛這如山的債務；但我不願意，因為我打從內心深處相信，假以時日絕對能還清所有債務。因此，雖然每個月被錢追著跑壓力巨大，但我仍然想辦法正常吃飯好好睡覺，努力養好精神和身體來面對每一天的四處奔走。我相信自己的價值絕對不止那四千萬元！這個信念一直支撐著我，所以，我沒

有崩潰、沒有尋短見，也奇蹟般地在一年內順利追回了全部款項，還清所有的債務。

以下，是這一切的來龍去脈。

有一天趙志遠告訴我，他所任職的香港賽馬會慈善事務部剛好有一個不對外公開（所以網路上查不到這個活動）的公益彩券抽獎活動，每100人會抽出15人有資格可選擇台幣30萬至120萬元的投資方案（這是奇怪的第一點，為何不是用港幣或美金為單位而是用台幣？），他說回報十分可觀，讓我去申請看能否抽到。

我查證過相關資訊，香港賽馬會這家機構是真的存在，賽馬會本身也的確一直在發行彩券，他告訴我的事情都是真實存在的，再加上我對他已有一定程度的信任，且他說自己也有申請，為了買房子讓我們將來在一起可以過更好的日子

（開始畫大餅）。他問我想申請多少額度的，又說120萬元的名額已滿，最高只剩90萬元以下的可以申請，所以我仔細看過那份投資申請書後，就填寫好傳給他，並告訴他我選擇投資80萬元的額度（這是詐騙集團在摸底，看我有多少家底可以撈）（見精彩附圖1：香港賽馬會的投資申請書）。

幾天之後，我果然接到了賽馬會業務拓展及市場執行總監張之杰的電話通知，告訴我抽中了公益彩券抽獎活動的資格，並請我匯款台幣80萬元至香港匯豐銀行一個戶名「蔣龍根」的私人帳戶中（這是奇怪的第二點，為何不是匯入法人帳戶而是私人帳戶？）。對方利用了疫情期間我無法入境香港去親自查證這一點，否則依我的個性，投注這麼大一筆金額是務必會親自飛過去處理的。

我在2021年8月17日第一次匯款美金32,245.35元到香港，三天之後，同一位張總監來電告知投注結果，說我一共中了美金276萬元的彩金，要求我匯入1%的手續費到前次同一帳戶內。所以在8月23日我第二次匯了美金27,607.75元過去，心想只要匯了這一筆就可以領回鉅款了。匯款後兩天，張總監打來通知我，說中獎彩金已匯入我台灣的銀行帳戶內了，但我查證銀行後並無任何款項入帳並告知對方。又過了兩天，一位自稱是香港匯豐銀行的分行職員來電告知，說因為獎金匯款的金額太大，被香港廉政公署攔截且認定為逃漏稅並介入調查，要求我自行跟匯款單位聯繫（奇怪的第三點，你自己不就是匯款銀行的人嗎？不同部門要我自己去聯繫？）。

於是我將此事告知之前那位張總監，他表示會和高層開會看此事如何處理，期間也有一位自稱是香港廉政公署專員的黃子浩先生來電向我詢問情況，我也如實一一告知。三天後，我等到了張總監的來電，告訴我高層開會的結果是我必須補繳中獎獎金的10%稅費，才能將已中獎的彩金放行到我銀行的帳戶。

當時因為疫情緣故我無法親自到香港去繳費，所以我寫了委託書mail給張總監委託香港賽馬會代為繳納款項，並於9月3日第三次匯款美金276,077.5元到另一個香港匯豐銀行帳戶，戶名為「蘇家杰」的帳戶內，這時我動用了保單貸款的錢才得以支應。四天後我等來了香港廉政公署專員黃子浩第二次來電，表示我並非香港居

民，並無資格在香港賽馬會投注及領取獎金，因此香港賽馬會的張總監來電要求我繳交港幣300萬元的款項入股賽馬會。這筆款項須扣押在賽馬會一年後方可歸還，如此我便可成為香港賽馬會的臨時股東，且具資格於香港賽馬會投注及領獎。

此時我已經沒有存款了，於是就開始向親友借錢，借到錢之後，我分別在9月22日和23日匯了美金240,000元及146,000元到第三個香港匯豐銀行戶名「TAO JIAN」的帳戶內。過了一週，換成廉政公署的黃專員二次來電告知香港賽馬會的張之杰總監及趙志遠皆已被廉政公署列入調查對象。後來等到10月11日及12日，賽馬會張總監和廉政公署黃專員分別來電，表示香港賽馬會與我本人都要被罰款，因此張總監提供第四個香港匯豐銀行帳戶給我，要求我繳交罰款港幣600萬元予廉政公署。

由於這筆金額太大，趙志遠表示願意協助我繳交美金424,500元，而我繳付剩下的餘額。我到處輾轉湊足了錢後，在11月1日第六次將美金346,777元（臺幣近一千萬元，這是我用房子向遠東銀行貸款而來，加上兩家銀行的信用貸款湊到的錢。），匯到戶名「YANG ZONG PING」的帳戶中。11月3日趙志遠告訴我，他在家鄉當老師的弟弟趙志豪，為了金援他，將老家的房子拿去抵押貸款，請了假親自來香港開帳戶匯款。

　　他傳過來他弟弟在香港匯豐銀行灣仔分行的美金424,500元匯款單據（見精彩附圖2：弟弟趙志豪的匯款單據）。當時因為疫情，香港開放內地來港的名額是有限制的，他弟弟就連去香港都不是一件容易的事。後來張總監來電，告知趙志遠身為賽馬會職員，於此次事件中有利用職務不當謀利之嫌以及介入此次匯款，因此趙志遠除了要接受香港賽馬會督查組的調查之外，還要沒

收美金424,500元的匯款以及處以停薪留職的處分。

後來廉政公署調閱銀行監視器發現，趙志豪匯款的時候是由趙志遠陪同的，連累趙志遠也被帶去廉政公署訊問，說他們兄弟倆有串供之嫌，因此音訊中斷整整三天。這些我毫不知情，一直打電話傳LINE訊息給他，完全都沒有任何回應，這使我心急如焚，不知眼下情況到底怎麼樣了。後來趙志遠被放出來才向我報平安，緊接著他就被馬會停了職。停職之後沒收入，他把車子拿去典當換現金，還想著繼續幫我籌措罰金。

當時，我想到他為了我，不僅自己賠了進去，連帶家人都一起被我連累了，我心中很是過意不去又極為感動。有一個人能為我豁出去全部身家，動用所有的人脈和關係，一心一意只是為

了幫我。人家這麼真心誠意地對待我，我還有什麼好遺憾的呢？縱使那些錢最後還是沒有回來，可是得了這麼一個人，我也不算虧了。所謂：「易得無價寶，難得有情郎。」是有其道理的。

接著，11月17日那天，張總監和趙志遠分別來電表示願意再協助我匯款67萬港幣及100萬港幣給廉政公署，其餘款項要我自行繳交。於是12月1日，我拜託朋友幫忙匯款209,435美金到對方提供的香港渣打銀行的「旺皮斯貿易有限公司」帳戶內。兩天後，我接到香港賽馬會督查組來電，表示張總監和趙志遠兩人合計匯款167萬元港幣均被沒收，因此要求我再繳交這筆未補足的罰款。

我再次想盡辦法籌錢，因為我幾乎無法承受之前已投入金額的損失，故在12月20日

匯了美金57,500元到對方指定的香港China Merchants Bank一個帳戶。但時值香港選舉之故，此筆款項被銀行退回未成功，因此張總監又再給我另一個銀行帳戶。12月29日，我拜託朋友幫忙第八次匯款美金39,500元到香港China Merchants Bank的「貝淘互聯網（香港）有限公司」帳戶內。12月30日，我再度拜託朋友幫我第九次匯款美金46,400元到上次同一個銀行「貝淘互聯網（香港）有限公司」帳戶。最後2022年1月4日，我三度拜託友人將之前退回的匯款美金57,500元第十次匯到一個叫「WU YANG」的香港渣打銀行帳戶內。

隔天，賽馬會張總監來電表示廉政公署已收到我所有的匯款，現在終於可以解封我被扣留的獎金，之後會將全部獎金及完稅證明一起給我。再到隔天1月6日，一位自稱是香港金融中

心的沈國棟先生來電告知，因為我中獎的美金
2,760,775元在金融中心保管已超過一個月的免
費保管期，自2021年8月27日至2022年1月6
日止合計共101天，每日要收取千分之一的保管
費，意即須支付美金278,838元的保管費。

　　聽到這我開始產生懷疑，因我從未聽說過放
在銀行的錢還要收保管費。那次通話我悄悄錄了
音，向對方表明無力支付此筆費用，也請張總監
幫忙協調是否可降低費用。1月7日香港金融中
心的沈國棟先生來電說可以降低美金3萬元，條
件是當天必須繳付美金248,838元至其指定帳
戶。我深覺不妙，內心慌亂不已，心想會不會已
經受騙上當了？且此時也身無分文，不可能再匯
款了。

再三思慮過後，我決定向家人全盤托出。大家共同討論一番後，一致認為我是遇上了一宗詐騙案。於是我分別向香港警方、廉政公署以及台灣警方和調查局皆報了案。經過清算，我一共匯款十次到七個香港銀行帳戶，被詐騙總金額達美金1,421,643元約台幣四千萬元。我把這幾個月所有曾聯繫過的詐騙成員資料、聊天的紀錄、銀行匯款紀錄、寫過的表單、錄音檔等等，全部都交給警方和調查人員。

在向台中地檢署按鈴提告的時候，承辦的檢察官用揶揄的口吻對我說：「你怎麼會相信一個從來沒見過面的人？怎麼會笨到把錢全部都匯出去？還匯了那麼多錢，你是怎麼想的？」或許承辦人員的出發點是為我不值，但對方嘲諷的語氣和態度還是傷到我了，這時候的我，需要錢、需要精神鼓勵，什麼都需要，最不需要的就是落井

下石。承辦人員沒有經歷我所經歷的一切，自然不懂為什麼我會一步步走到現在這個地步。

此時，我也深刻體會到，為什麼許多被詐騙的人要瞞著別人，甚至也不去報警，不就是害怕被二度傷害嗎？被騙的錢，就算報警也大概追不回來，而心理的創傷要治療都來不及，哪還禁得起別人一再說風涼話、在傷口上灑鹽？報了警不但無濟於事，還可能被當成白痴、笨蛋被再三嘲諷，那還有誰願意站出來揭發這些事？後來我也只出庭一次，檢方就草草結案了，因為香港在境外無法查案。

而在我報警之後，香港金融中心的沈國棟先生又多次來電詢問並催促繳費，我以籌錢不足、分期付款及年關將近等藉口不斷拖延日期。其實，我還抱著最後一絲希望，希望香港警方能

趕快有所動作，希望我的錢還能追回一部分。此時趙志遠仍舊與我保持良好聯繫，由於我一直虛以委蛇，用與之前相同的態度和他對話，讓他認為有望再等到我匯錢過去。一直拖到過完農曆年之後，他們總算意識到我不會再匯錢了，才停止來電，而我再打電話過去已成空號。

這時候我明白了，應該沒有希望了。在台灣即便抓到了詐騙的車手，匯款進去的帳戶裡面也什麼都沒有了，更何況是在境外的香港？我心中一片茫然，此刻我不僅身無分文，還欠下數千萬元的債務，心和所有財產都被淘空破洞了，怎麼補？

後來仔細想想，連我自己都很意外當時怎麼就如此輕易上了當？深自內省後，剖析歸結出二點：

一是內部因素。自己原本就有感情的心結與心靈空缺，因為之前每次被劈腿、被分手的總是我。尤其是離婚後，不禁更加懷疑自己是否這輩子就這樣了，註定無法在感情上得到幸福和完滿。單身多年，一個人生活久了總會覺得寂寞。儘管朋友很多，生活和工作皆緊湊充實，但友情和親情再多再溫暖，始終無法替補情感上缺失的那一塊。

再加上，疫情期間工作量減少，多出了許多空白無聊的時間，待在家中的時光變得特別單調，也放大了心靈原有的缺口。這就成了詐騙集團趁隙而入的突破口，讓我以為終於遇到了一個不錯的、可靠的對象。幸福有望的可能性遮蔽了我的理性，殊不知這一切全是寫好的劇本，他只是照章演出，而我不過是他的一個攻略對象。

二是外部因素。因為新冠肺炎疫情的關係，長期待在家中，原本較少使用網路的我上網時間變多，開始到處逛、加社群、認識新朋友，才會遇到防不勝防的魑魅魍魎。且因疫情期間香港封控管制，使我無法親自去香港確認一切資訊。詐騙集團充分地利用了這一個地理阻礙，讓人求證無門。

然而，撇開不可控的外部因素，**心靈上的弱點才是真正讓我受騙上當的最大原因。這與學歷、經歷、社會成就無關，因為無論何種職業、何種性格的人，難保沒有一丁點心靈上的弱點或缺撼**。只要你有，詐騙集團就可以用他們應對人性心理的豐富經驗，在聊天過程中逐漸摸熟並建立你的個人資料庫。針對你的個性、過去經歷以及內心的渴望，他們為你量身訂製一套入殼劇本，再集數人之力一一照表操課，一場極其合理真實的戲碼就此上演。

大多數的人一旦被盯上，就很難逃出這特地為你編織的網，你只會一步步淪陷、不可自拔，直至金盡夢醒的那一天。只要是人，就會有內心的弱點。極少數人能全身而退，不論學歷多高、社會歷練有多豐富；我自己就是一個最好的案例（註）。

　　註：根據刑事局統計，2022年全年度全台灣詐騙總數近3萬件，詐騙金額近70億元，嫌疑犯人數近4萬6千人。亞馬遜CEO貝佐斯曾經說過：「聰明是一種天賦，而善良是一種選擇。」在詐騙的多重宇宙裡，詐騙集團利用自己的聰明騙取他人的善良，其中投資詐騙佔了23.06%。

Chapter 3

第三章

鍥而不捨
跨國官司追回款項

2022年1月，兒子為了幫我，積極請託在香港的友人協助報案。香港警方受理之後主動聯繫我，雙方來回數次書面筆錄修改後正式立案。2月18日，香港警方傳來一個好消息，告知我已經凍結了詐騙公司帳戶一筆40萬港幣（約臺幣160萬）的款項。相較被詐騙的總金額雖然不多，但這已經給了我一絲希望，有如在黑暗中看到了一線曙光。3月8日，香港警方mail聯繫我，說明待疫情結束之後（那時正是疫情比較嚴重的時候），如果需要本人出庭作證，問我是否願意赴港出庭，並希望我好好考慮。

　　我心想，無論到最後法院判決這筆款項如何歸屬，即便到最後我一塊錢也拿不到，我也要為自己發聲討回公道。所以我回覆警方，如果需要本人出面，屆時我一定會到現場。我願意站出來證明這是一起詐騙案件，雖然這是一件很丟臉的事情，但我很願意親自飛到香港去出庭作證。

該感到羞愧的不是被詐騙的受害者，而是那些詐騙的人。

後來，我再度接到香港警方電話通知：「黃女士，我們查扣了三個可疑帳號，裡面有一個帳戶應該是你匯過去的款項。我們認為有機會可以追回這筆錢，你可以請律師幫忙，這個帳號中的錢應該足夠支付你的律師費用。」

詐騙集團的資金轉來轉去不知經過了多少帳戶，但當我看到其中一個帳戶中，有一筆金額是美金209,435元的時候，便確定這就是我匯的款項之一，因為每一筆匯款的數字我都記得清清楚楚。我當下就決定要找律師打跨國官司。

只要有任何一點追回款項的機會，我都想把握。因為香港警方表示，曾經有一個案子也是臺灣人遭詐騙，受害者請律師先幫他出庭打官司，

然後從追回的款項中再扣除律師費用，這個成功案例激勵了我。我花了一、兩個月的時間尋找香港的律師以此模式幫我打官司，但都沒有成功，因為沒有人願意一開始就無償接我的案子。

後來，透過臺灣這邊教會的朋友，我聯絡到了香港靈糧堂的師母。因為香港詐騙案太多了，所以他們只要有案件，都委託同一家律師事務所處理，我便請兒子協助聯繫了這家律師事務所。初步洽談時，律師說像這樣的委託案大概需要30萬元港幣的費用。但他們考慮到我經濟情況不佳，通融我可以採用分期付款的方式，第一期只要先付10萬元港幣就好。就這一點我覺得他們還蠻友善的。律師說付了第一期費用，他們就會開始跟警方接觸並配合相關調查。

當時身無分文、連生活費都成問題的我，哪來的錢付這打官司的第一筆費用？思來想去，我

7月2日那天約貴人S姐見面。他之前已經借了我三百萬元，我連一毛錢都沒有能力償還，見了面卻又告訴他，我需要再借一筆錢延請香港律師代表我提出詐騙訴訟打跨國官司。S姐並沒有急著跟我追討之前的債務，而是先仔細地聽我說明。我也把與香港律師往來的信件翻出來給他看，懇請他讓我有機會可以追回被詐騙的款項。當下他便爽快答應借我這筆費用。

他說了一句話讓我感動至今：「我只要知道你還好好的，也很認真努力，我有什麼好擔心的？我相信總有一天，你會還清所有的欠款的。」但同時他也告訴我，以他的經濟能力只能借我這最後一筆款項了，後續的律師費用我可能要另外找人想辦法。我點頭，心想先過了這第一關再說吧。就算只有1%追回的可能性我也不放棄。一般人只看到99%的不可能，但我會看到那1%的機會，想辦法打敗那99%的困難。

有了S姐的金援，我在7月4日跟香港的律師事務所簽約（見精彩附圖3：與香港律師事務所簽立之合約、圖4：給香港律師的授權書），正式進行跨海官司訴訟。隔天7月5日，我到元大銀行打算匯這第一筆律師費用時，銀行方出動了好幾個人來勸阻：「黃小姐，你不要再匯款了，千萬不要再被騙了。」這幾位銀行員都知道我被詐騙的事，深怕我又再次被騙。

　　我好生解釋了一番，給他們看匯款的戶名是律師事務所，告訴他們這是打官司給律師的費用，不是詐騙。好心的銀行員立刻google搜尋，確認有沒有這家律師事務所存在，仔細核對地址等資訊是否正確。確認無誤後，他們才不再阻止我匯款。支付第一筆律師費用後，我又再一次把過程中所有詐騙成員的資料、聊天紀錄、匯款紀錄、表單和錄音檔等全交給香港律師。他們便依照我提供的資料向香港銀行發函開始調查，也配合警方的查緝工作。

香港警方早前查扣到的那三個可疑帳戶都被我委託的律師告上法庭。第一個帳戶是公司名稱，雖然帳戶疑似詐騙而被查扣，但經過查證，那個帳戶與我被詐騙的金流並無關聯。最後我聽從律師的建議與對方和解，我們撤告但也不給付任何的和解金，對方也接受了，因為他們想換得解除帳戶凍結。雖然我們都很清楚這家公司一定有問題，但因為這家公司跟我們這一案沒有關聯，所以最終以和解結案。

　　第二個帳戶是個人名稱，也的確是我曾經匯過款項的戶名，不過帳戶裡面被查扣的金額不多，只有20,943美元（不到台幣60萬）。其聯絡地址在中國內陸地區，如果繼續告下去的話，不確定的風險太大、且所獲不多。若傳票寄過去結果查無此人，再針對這個人名下所有的銀行帳戶調查的話，花費會更高昂，且律師費還要另外算。跟律師討論後，我決定放棄追第二個帳戶。

第三個帳戶是公司名稱，登記地址在香港，重點是裡面扣留的美金209,435元：這個數字我永遠記得，是我親手匯出去的數字，而這也是最終匯回全部款項的帳戶。

　　我的案件一開始是香港警方黃大仙重案組負責調查。我很感謝其中一位方姓警員，他一直跟我保持聯繫，除了要我提供資料，也會告訴我警方已經查扣了多少、建議我可以怎麼做等等，讓我了解案件進度，安心了不少；同時心裡也愈來愈篤定，不再那麼徬徨無助。雖然一直沒有見過面，但我心中十分感謝他。

　　而案件調查期間，我一邊瘋狂工作還債，一邊配合香港警方、廉政公署和律師的調查，隨時隨地準備接聽電話，要什麼資料也都全力配合馬上給。依照案件的調查進度，律師10月7日告

訴我，需要支付第二筆律師費用15萬港幣了。
我依照事務所的要求，匯了台幣60萬元的律師
費。這筆錢也是貴人S姐再度出資幫忙。雖然他
事先早已言明無法再借款，但最終還是盡力幫了
我這個大忙。我心中非常感恩這位大貴人，沒有
他也就沒有後續的奇蹟了。

　　10月11日，我的案件被轉到了旺角重案
組。經香港警方數個月的調查，終於在2022年
12月17日傳來了好消息。律師mail給我香港法
院的判決結果，確定了那個登記在香港的渣打銀
行公司帳戶中209,435美元是我的錢，所以法院
發傳票寄到那個登記地址。一次不出庭，兩次不
出庭，第三次要正式宣判，還是沒有人出庭，所
以法院就宣判，這個帳戶的資金都歸屬我。

苦苦等了一年，被騙走的錢總算回來了一部分。雖然只有600萬台幣，但總歸是一個振奮人心的好消息。自從知道法院的判決後，我便翹首盼望律師把法院判給我的錢匯回來，想著至少在過農曆年前可以還一些錢給我的債權人好過年，但，沒想到這一等就是兩個月。

　　適逢香港12月聖誕節和過年假期，法院和律師事務所的案件處理速度較慢，加上香港的警員確診等事件，一直到2023年2月18日、台灣都過了農曆年，我才收到律師的mail，信中說是天大的好消息，連他們自己都嚇到了！

　　被判定歸屬我的帳戶中的錢，竟從原先的600萬變成了4400萬元（約合台幣）。一切真的如有神助，一看到那個數字的當下，我就深深吸了一口氣，腦袋空白了幾秒鐘，心中只有八個字：感恩、讚歎、理所當然（為什麼是這八個

字？理由在後面的章節中敘明）。想來是該帳戶被凍結，許進不許出，而詐騙資金到處流轉，有些就匯流進這個帳戶，導致二個月後總金額竟累積到了台幣4400萬元（見精彩附圖7：香港渣打銀行開立支票返還款項予代表本人的律師事務所）。

我被詐騙的總金額、加上借款利息以及律師費120萬（後期律師收了第三次費用台幣20萬元），損失總金額約台幣4180萬元，而最終收回來的款項竟超過了這個數字！原本若法院處理速度夠快，12月判決當時的帳戶餘額不過600萬元；因緣際會下延宕了兩個月，最後等來的竟是奇蹟般的全額返還，簡直是不可能的任務！這個感覺實在很微妙，我一邊開心振奮，同時又覺得一切理所當然，有一種終於如此、想必如此的奇妙感受。

回顧過去這一年，我為了還債和追討款項，不斷地連軸轉，除了兢兢業業於自己的保險本業工作，也到處尋找賺取金錢的其他管道，因此接觸了虛擬貨幣圈，對我而言是一個全新的領域。捉襟見肘的時候，自己雖然不敢多用一分錢，可是該花出去該犒賞部屬的錢也不能省。當時我很清楚明白，此刻我的精、氣、神不能垮，更是不敢落下提升心靈的課程。為了汲取更多力量和勇氣，我不斷地回去上課複訓，也是為了確定自己努力的方向沒有偏掉，沒有掉回自責和懊悔的旋渦中。

　　就像在黑暗中，不停地朝著光明的燈塔走去。即便舉步維艱，也要接納事實，堅持對的方向走下去。我不服輸的個性在此刻發揮到極致，很慶幸自己沒有走歪、沒有自怨自艾，也沒有自暴自棄。很多人驚訝面臨鉅額債務且感情受創

的我，怎麼還吃得下、睡得好？怎麼還能每日精神奕奕地繼續工作？這全都要歸功於建安學院（註）老師的引導和教授，使我不僅精神沒有被擊垮，還從課程中找到力量前進。

　　被詐騙的金額4300萬全數追回，除了可以還清所有的欠款、付完香港律師的費用，還有望再買回被拍賣的房子，這一切都讓我深深感懷在內、充滿感恩。感恩讚嘆老師教導的1350，每天早晚2次宣告、顯化及療癒，不帶有任何解決問題的意圖，結果真的「改寫劇情」了！原來他人口中的不可思議，於我們而言卻是理所當然。在確認被詐騙後的14個月裡，一路曲折離奇地走到今天。此刻心中只是感恩讚嘆老師。感恩讚嘆「遇見」的課程！感恩讚嘆遇見老師！嗡啊吽！

註：建安學院全稱為「建安國際教育學院」，創辦人為蔡建安老師，為現任昌盛國際有限公司的負責人、長坊國際有限公司的執行長、中華全球生命成長協會的創會長，曾擔任25家企業顧問。三十幾年來，秉持著回饋社會的熱誠，義務為生命遭遇困境的人們提供協談服務，至今個案已有超過一萬多位。

　　在超過兩千場的授課經驗，以及研究與實證多年之後，成功彙整出一套可以幫助一個人奇蹟式轉變的課程：《遇見生命的無限可能》。這是一套有關真理以及開悟的生命科學課程。建安老師以量子力學與靈性科學為基礎，加上簡單易懂的邏輯論述，突破一般人學習與修行上的盲點，尋到真理的共通性，讓大家都可以明白生命的本質。讓大家都能聽得明白，且運用得出來！

「影響我們成就人生的，通常不是我們所不知道的事，而是一直以來我們認同的信念與價值觀。一般市面上，我們學習的課程，大多數都是帶領我們提高『高度』來看生命，而我們是要帶著大家提高『維度』來看生命。當我們有了『高維度』的智慧明白，你會很開心地發現：原來改變命運～比我們原本想像中的簡單多了。如果你是個有宗教信仰或在身心靈的領域下過功夫的人，我們的課程更能夠讓你明白許多經典跟修行法門所要告訴我們的『真實義』，我們在靈性的提升上有更精進的擴展，期待陪你一起～遇見生命的無限可能。」

資料來源：建安國際教育學院官網
https://meet-1350.com.tw/about-us/

Chapter 4

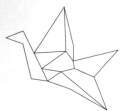

第四章

貴人相助
化解生命的考驗

當確定自己是遇到詐騙的時候，我第一個想法就是：好，我認。我接受這件事的確發生在我身上了，我面對它，也會竭盡所能地去解決它。我完全相信只要假以時日，定能償還所有債務。發生在我身上的事不代表我的價值有所改變，我看重自己，並不因此自抑自貶。在人生的道路上我一向跑得很好，現在只是跌了很重一跤，並不是廢了，我完全有能力再站起來，以後也只會愈跑愈穩。而在這被債務追著跑的一年，很幸運地有很多貴人對困境中的我伸出援手。有些是認識多年的親朋好友，像是前面提到的貴人S姐；有些是才剛認識便無條件地信任我、幫助我，我心中只有無比的感念和感恩。

　　還記得最初跟親戚A借錢時，他很爽快地答應，因為他知道我有車、有房、有股票、有保單。但在一個月後，知道我被詐騙暫時無力償還欠款時，他立即動用法律手段凍結我所有的帳

戶、查封我的保單、股票。最重要的，是對我的房子進行假扣押，還要求我簽立還款計劃、到法院對我提出告訴等等諸多法律手段。親戚Ａ說他斷我後路是為了保護我，讓我不能再匯錢出去。問題是他明知道我無力還債，仍要求我訂出還款計劃，叫我跟別人借錢來還他的錢。那時是2022年11月，趙志遠跟總監正努力「協助」我，我仍深信不疑、身陷其中的時候。

姊姊為了我，一直努力向已經跟我翻臉的親戚Ａ交涉。他不遺餘力地勸說，希望親戚Ａ同意解除房子的假扣押，好讓我可以賣屋還債。但親戚Ａ擔心無法收回全部的債權，不顧姊姊和我的懇求，堅持不解除所有的假扣押，只一味地逼我還錢。當時我到銀行打算提款，行員告訴我帳戶被凍結，我當場楞住。想著待付的生活費和卡費，我心中一片茫然。

手頭沒有現金，我想辦理保單貸款拿些錢出來生活，卻又被服務人員告知：抱歉，你的保單已被凍結。接下來，即便薪水每個月都入帳，卻總是很快就被親戚 A 提領一空。我得跟時間賽跑，薪水一入帳就趕著快領出來，不然那個月就沒有生活費了。真的從來沒有想過，向來衣食無憂的自己會有如此拮据的時候。早餐多喝點水就飽了，中午吃剩的便當要留做晚餐，我學會如何一天只用一百元生活費。這樣的日子我過了很久。

　　這裡也要提一下我的愛車。還記得那時去汽車門市找業務員續繳舊車保險費的時候，無意中看到了一部白色賓士車。我第一眼就喜歡上它，馬上告訴業務員我要買這一輛。當時那款車型十分搶手，沒辦法試車，所以我連試都沒試就買下來了，還取名叫白白，常常一邊開車一邊跟它對

話。前面親戚Ａ凍結了我一切的財產後，就把腦筋動到我的車子上。

當時我的愛車才剛入手三年，尚有價值。之前被詐騙的時候，我曾經請託朋友I用他公司的名義向中租公司申請600萬元貸款，後來貸款到期我無力清償，中租公司開始動用法律手段追討債務。為了償還貸款，我賣掉股票先償還了180萬元。當我得知中租公司準備對動產下手時，便將愛車過戶給姊姊的媳婦，再用車子另外抵押貸款125萬元還給中租公司，之後我只要按期支付車貸的利息即可，且我可繼續用車。那一年就這樣以債養債、挖東牆補西牆。每個月我都在記錄並計算著哪一筆借款要繳利息了，又有哪一筆到期了？還有誰、還有哪一家金融機構可以借到錢？

2022年4月的時候，我只差一筆近20萬元就能週轉過去。我是家中的老么，哥哥和姊姊的年齡比我大很多，從小都是他們兩個在照顧我，他們在我心中的地位就如同爸爸媽媽一樣，一直到大家都結婚生子後仍舊維持著緊密的往來。而我的親姊姊也是我的大貴人之一。那時他跟我說，妹妹你過來看看這些可以換多少錢？完全沒有金錢概念的他為了我，拿出他收藏超過30年的全部金幣給我。（見精彩附圖10～圖13：姊姊給的紀念金幣）

　　姊姊在自己家並不是掌握經濟大權的人。結婚成家這些年來，若收到什麼紅包或一點點金錢，他存了一段時間就會拿去買金幣。這樣攢了幾十年的錢，總共也就累積出七枚金幣。他數十年來再怎樣都沒放手，如今卻為我這個妹妹全部

掏出來，一枚不剩。我手中握著那些金幣時有種難以言喻的感覺，暗自含淚。最後，七枚的純金紀念幣換來17萬元，讓我過了那一關。

　　就這樣，每一天都有要面對的壓力，但我仍舊讓自己每天睡得好，也沒有吃不下飯，也依然感恩讚嘆每天有美好的開始，因為我心底明白，我得很健康、很熱誠、很高能量，才有機會賺錢還債。

　　生活費可以節省，但住的地方是個問題。我之前曾提議將房子設定抵押權給親戚Ａ，以最大程度保障他的債權，有了抵押權之後，親戚Ａ就和遠東及中租一樣，擁有房子的物權，好讓我可以賣房還債。（法律上，物權優於債權，他們都屬於第一順位，房子賣出時可以分配所得款項。）但，親戚Ａ要求我要再提供十足擔保，以

確保我可以百分之百還錢。當時我已身無長物，根本做不到他的要求。也因為親戚 A 堅持不肯解除房子的假扣押，儘管我努力地跟20多位仲介聯絡，幾個月間數十次的帶看，最終我住了三十幾年的房子還是由法院公告拍賣了。第一次拍賣沒有成功，底價打了八折進入第二拍。

我對這間房子有著特殊的感情。買下它至今已31年了，當初是買了兩戶、再客變成一戶的格局。建商是按照我要的隔間蓋起來的，裡面的規劃全都按著我的喜好來設計，可以說，它一開始就是為我量身打造的。室內面積近50坪，有兩間主臥和一個書房，共三個房間，此外再沒有其他隔間。從玄關連接到寬敞的餐廳和客廳，一直到待客喝茶的起居空間，全都是開放式的廣闊空間，一覽無遺。另外還有很大的陽台、很大的主臥更衣室。在31年前，沒幾戶人家會有那麼大的更衣室，它可以說是一棟長在我心上的房子。

2022年10月的時候，朋友M先生知道我很需要一筆錢，聊天時說有件事情不知道能否幫上忙，之後便引薦我認識了H姐。我是在10月1日房子拍賣前兩天認識H姐的，當時我因牽掛即將被拍賣的房子，心中的不捨都寫在臉上。H姐問我為何面帶愁容，我便將房子要二拍的事告訴了他，並心想這次房子應該就會被拍賣出去吧。

　　H姐一聽有了興趣，我就把手機裡房子的照片給他看。H姐回去和他先生討論後，隔天兩人就一起來看房子了。通常，一般人是沒什麼機會事先進去看要拍賣的房子，但因為這是我自己的房子，理所當然便帶他們夫妻倆參觀了。除了室內面積近50坪，還坐落在台中市區中不錯的黃金地段。他們看了之後覺得好喜歡，說怎麼可以讓它被拍掉？表示回去會商量看看，原則上他們覺得房子的現況和地點都不錯，應該蠻值得買的吧。

而我的房子為什麼第一次拍賣失敗，就是因為其中一位債權人對房子做了假扣押。除非先拿一筆錢解除假扣押，不然沒有人會願意買這樣的房子。隔天10月3日房子拍賣當天，H姐他們直接到法院去投標，開了張銀行的本票400萬元繳納了拍賣保證金。他們是第一次買法拍屋，不太清楚流程和慣例，得標以後才被法院告知：開標後七天內（含例假日）要繳清全部的尾款。原先H姐夫妻倆只知道投標要繳付保證金，因此著實讓他們忙亂了幾天才湊齊全部款項。

　　我沒想到才剛認識的H姐，竟這麼快就決定買下我的房子。開標那天H姐打來的時候我正在開車，我跟他說等一下，懷著忐忑不安的心情將車子停靠路邊。當H姐告訴我他標到房子了，還答應讓我繼續住在裡面，我直接在車上大哭。我心想車子不是我的，房子也不是我的，但是現在

車子我在開，房子還是我在住。之後H姐讓我住到12月才來跟我簽立租約，用低於市場行情的便宜租金租給我。原本只簽了半年，但他知道我也沒有其他地方可以搬，又再讓我續了一年租到2024年6月，讓我有充裕的時間可以慢慢找下一個住處。

今年續約的時候，我得知H姐的經濟狀況不是很好，所以我一次性付給他一整年的租金。後來當我追回遭騙的全部款項後，也動過把房子買回來的念頭。但因當初他買這個房子就是為了以後兒子在台中上學時搬來住的，H姐的公公也希望孫子念台中學校，才同意買房子，並不是為了出售獲利，所以不肯再次賣出。我已經接受無法買回房子的結果，也許是上天在告訴我，該徹底告別過去習慣的環境，重新開始一段新生活，一個人住50坪也許太大了些。又或許這樣的安排，後面可能會有什麼樣的奇遇也說不定。

2022年一整年，我被各種債務追著跑，一百八十幾萬的股票也全部出脫還債，到處想辦法借信用貸款。很多人看到我就像刺蝟一樣，甚至跟我沒有什麼關係、我也不可能找他借錢的人，還會在外面到處放話，叫別人要離我遠一點，因為我可能會跟他們借錢。那時有很多人躲我都來不及，但有一位貴人I先生卻願意陪著我面對這些，一直支持我、鼓勵我。他是我建安學院共修的家人，也是我房子抵押的債權人之一。

　　被詐騙那年，我跟I先生說我需要一筆錢，你可以借我嗎？他說可以試試用公司的名義去幫我借款。之後我還不出利息，也影響到他公司的金融信用，導致他無法再用公司的名義去貸款。即便後來我全部清償了，那些不良紀錄也就一直留著了，連累了他讓我心中很是過意不去，但他要我不用在意。

另外，當時我常常沒有錢吃飯，他知道我好面子，常藉故找我出去聊聊，就約在中午時間帶我去吃飯，且都是些家常小吃餐廳。他知道若是請我吃很高檔的餐廳，我就會覺得太刻意了。而年關將近的時候，他問我這個年可以過嗎？我只是苦笑一下，他便問差多少？我說15，他就立刻把錢轉給我了。只要不是太大的數字，他力所能及就會幫忙。這樣的善意對我來說非常重要，尤其是在眾人避我唯恐不及的時候。

　　同在建安學院上課，我和I先生有共同的語言，彼此都能聽得懂對方的用意。每當我內心有不安焦慮和負面想法時，他就會說：「你是不是又要加戲了？」意思是這件事情已經結束了，為何又抓著不放，一直批判，是要自己加戲嗎？在那些連軸轉的日子裡，有時候難免會有負面情緒

跑出來，對上天對命運有所質疑，這時候他就會提醒我，幫我把心態修正回來。其實我覺得人跟人之間，最難得的就是陪伴；覺得這世上有人關心你，不覺得自己是孤單的，這很重要。他是我精神上的家人，在生活上也可說是我的導師。

還有一些貴人朋友，在許多方面都給了我幫助。像是賣房子的時候，我將家中一個古董展示櫃賣出換現金，有個朋友便接收了櫃子，但事後也願意回售，搬回來給我。此外，酒櫃中一百多支酒全部搬到一個好朋友的酒窖裡存放，酒櫃也寄放在貴人的家中。這些雖都是小事情，但可貴的是那份心意，對我來說都很令我感動。我想，詐騙事件最終能促成如此神奇美好的結局，除了自己堅持守本心、不放棄之外，也是諸多貴人的鼎力相助成就，我心中只有感恩和讚嘆。

2023年1月農曆年前，我任職的保險公司舉辦了感恩餐會，我藉機將這些貴人們都請過來，包括我的姊姊和姊夫。剛好坐了一桌，在座的每一個都是我的貴人。當時被詐騙的錢還沒有追回來，我還欠著他們每個人的錢，但他們全都願意接受我的邀請來參加餐會。我們還是跟以前一樣大吃大喝、把酒言歡，沒有隔閡、歡樂地度過一晚（見精彩附圖14：貴人們齊聚一堂的感恩餐會）。

Chapter 5

第五章

改寫劇情
做自己的導演

當初得知被詐騙的時候，我曾請建安學院蔡老師為我做象棋卜卦，看這次被詐騙金額是否可能追得回來，結果是否定的。當下我便了然於心，全然接受此一毫無懸念的結果。這便是原定寫好的「劇情」，所有人不過是依著劇本輪番上台演出罷了，包括我自己也是其中一個演員。當我跳脫出來，以旁觀者的角度來看，我看懂了這個戲局，也明白了其中每一個人都有自己的角色要扮，無論如何都會開演。只是，能不能改寫劇情，就是發生在另一個維度的事情了。

　　很多事情都是我們在演著別人幫我們設計好的角色。我參與了一場金錢遊戲和感情遊戲，後來我發現這部劇應該要結束了。我確定了原來這就是詐騙，我接受這個事實，接受感情被詐騙，我的金錢也被詐騙，事情就是這樣如實地發生了。但太多人遇到了詐騙不敢說，連家人也不知

道，對朋友也不敢提，吃了悶虧就悶在心裡一輩子。

如果我們不能把這一段定調並且跳脫出來的話，類似的關卡會一直出現在人生中。就像老師常說我是一個好批判的正義人士，對詐騙、賭博、不守交通規則的人不屑，也會批判小三；那些跟我沒什麼關係的人，我也批判。但這些我所批判的事都降臨到我身上，所以前夫賭博、離婚，這些劇情都在我身上演示了一遍；而這次，上演的是騙局。

這一局最終的結果是成功追回被詐騙的全部款項。用現實界三維的模式來看，是完全不可思議的事情，可大家認為的不可思議卻是我的理所當然，怎麼說呢？我在建安學院上了很多次課程，從中領悟到：很多事情要先改變自己的心

態。同時，我也在那療癒了心理上的創傷，讓我可以用超然而理性的眼光看待眾人與萬物。當我明白了世間萬事運作的原則和道理，自然也明白了許多事情發展到最後的轉變與結果；實際上它真的就這樣發生了，在我認知中，是順其自然，就這樣完成得理所當然。

　　世間萬事萬物在實際發生之前，早就在形而上的意識界有了原定的劇本，現實界只是依照這個劇本演示出來。這是不是代表命定的一切都無法改變？不是的，意識界是可以接收到能量進而改變劇本的。例如：你願意改變人生原定的一些劇情，你打從內心發送出這個意念，然後堅定意志、且持續保持正能量，這股意念能量就會在意識界改寫原本要發生的「劇情」，反映到現實界的「事情」也就跟著改變了。

我感受到劇情真正開始改變，是在2022年5月的時候。親戚Ａ收到通知看到法院核算出來的債額數字覺得不正確，他認為自己計算的數字才是對的。於是我們約在台中地方法院協商總債權金額，但法院最終結算出來的比他以為的數字更少，得知的他當下就突然發飆，不顧顏面、在大庭廣眾之下大發雷霆，固執地認為自己不可能算錯。

　　我當下突然覺得，這個人怎麼那麼可憐？受困在自己的我執中，情緒這麼容易失控。那一刻我沒把他當作親人，而是把他當成一般眾生看待。以我的個性，只要我還活著，就會一直努力償還債務，該還給他的絕對不會少一分。但現在他卻因為一點點金額上的差異，就這樣對我暴跳如雷，不論實際上的對錯與否，只是執意地要求他想要的數字。

我理性地接納了這個狀況，利用在建安學院學到的療癒的模式來面對，沒有負面情緒地在心中默念幾段祝福他的話語。至於他怎樣的反應、又是如何作為，那是他扮演的角色，我只管扮演好自己的角色。在這過後沒多久，我就收到了香港警方通知說已經扣押凍結了一些帳戶。那時我就知道，劇情開始轉向了，也才有了「理所當然」之感。因為我早已在心中預想、描繪了很多遍，多到對這畫面產生了熟悉的感覺，所以，等到真的發生時也就理所當然了。

　　回想2022年10月，對我而言是非常驚濤駭浪的一個月，看似一個大浪頭打過來，但最後都很安全地過關，就這樣重複經歷了很多次。在建安學院，我學到靜心和轉念的方法，使我的內在本質得到提升，對人對事也提高到不同維度的看法。這些對我的幫助很大，讓我能成功地改寫劇

情。許多事情看似轉變得十分莫名，然而細細推敲，其實早在意識界便有了苗頭。

　　先是我的愛車白白，自入手三年來一直都開得好好的，但在說好要過戶到別人的名下之後，短短一年之內卻莫名發生了四次碰撞事故。其中一次是在快速道路上別人追撞我，雖然我沒有肇事責任，但車子也大修一番，換了新的保險桿和車燈等部件，保險理賠了近30萬元的修理費。四次事故下來累積了超過百萬元的維修費用，汽車保養場的人都覺得很奇怪，怎麼車子又出狀況了？我曾五味雜陳地對白白開玩笑說：「你想讓舊的零件全部換新的，也不要用事故來變漂亮啊！」其實我很抱歉自己必須把它換到別人的名下，或許它因此而不開心或不習慣，以致事故頻出。我不敢說萬物皆有靈，但白白的事情，讓我對萬事萬物有了不同的看法。

接著是有關房子的事。當時掛了好幾個月都賣不出去，很多人來看過，每個人進來都說這麼大的房子為什麼只有三個房間呢？會這樣說的人，我其實也不想賣給他，因為我實在很捨不得這房子。當初是按照我的需求去設計裝修的房子，別人不見得有同樣的需求；以五十坪來說，大家都認為起碼應該有四個房間。就這樣，我的房子一直賣不出去，每個人來看都覺得這房子不錯，但是格局不符合他們的需求，買來還得全部打掉重新裝修。八九個月後，也就理所當然地被法院拍賣了。

現在仔細想想，若房子當時沒有被法拍，我還有可能繼續住在這裡嗎？不可能。如果那時成功賣掉，我應該早就搬出去了。也因為房子被拍賣，最後出現善心的貴人H姐把它買走，讓我可以到現在還住在裡面。這些劇情一環扣一環，沒

有前面那些轉折，不會走到後面這個結果。因此我常常在想，原來是這樣子的，在意識界裡早有安排，只是我們在三維的現實界不知道罷了。

很多人對我的事情感到好奇，不理解追回詐騙全額這種事怎麼可能發生？確定遇上詐騙的2022年1月，建安學院蔡老師的卜掛結果是我這筆錢不會回來了，也就是原本的「劇情」。那時我就有了心理準備，算了，接下來把重點放在如何還錢這件事上。每個人的慣性思維邏輯不一樣，有些人可能負債四千萬就會放棄人生，但我不這樣想。也許就像建安學院的人說的，經過理性的轉化意念，我成為自己生命的導演，成功地改寫了人生的劇情。

那時是我人生的最低谷，銀行帳戶中只剩下15塊錢，是連提款機都無法提領的金額。我所

有的想法就是去哪找錢？要再找誰借錢？當時我必須靠借錢日子才過得下去，金融信用才維持得住。三家金融機構的信用貸款全部申請了半年的延緩還款，用盡所有辦法應付每個月龐大的利息支出，戰戰兢兢地維持住這岌岌可危的現況。

但我還是堅持正向的想法，我相信自己不會因為這樣就被壓垮。每天早上起來，我都感恩讚歎，細數有這麼多這麼好的事情發生在我身上。儘管那時候負債四千多萬還沒有辦法償還，我還是覺得對很多事物都要懷著感恩的心。不管是好事或壞事，內心的念頭很重要，我要讓內心的念頭是好的。因為我知道只要心想事成，就真的會成，無論是擔憂、恐懼或害怕，如你思如你想，它就會來了。能量高的會和同樣頻率的能量在一起，所以金錢會在人低頻時離開，高頻時被吸引回來；而自責是最低的能量，也是我最不需要的東西（見精彩附圖15：振動頻率－建安國際學院蔡建安老師課程提供）。

什麼是心想事成？有些人帶著太多「想要解決問題」的意圖，那就不會真的實現。要讓一件事情真的發生，首先要讓自己很自然地「無所為而為」，好像不是在講自己的事情那樣。有些人帶著太多的「我」，「我」就是為了解決這個事情（帶著目的）才刻意這樣做，那是不成的。

　　你要不斷地去描繪想要達到的那個境界或夢想，但採用的語句不是「我想要什麼」，或是「我希望將來可以得到什麼」，不能用這樣的開頭，應該用你「已經處在那個理想狀態」中的角度來描述。不斷地去想像和描繪，之後還是該幹嘛就幹嘛去，繼續過好自己的日子。這可以說是你自己先畫好未來的藍圖，然後放手讓宇宙去運作、去推動，你只管做好自己分內之事。如果這個藍圖符合宇宙規則，那最後事情推動、進展的結果，便是所謂的「心想事成」了。

宇宙是能量的世界，先讓意識界的能量一直不斷增強，之後它會漸漸降到現實界，具象示現出來，這就是「顯化」。如果意識界空空的話，是不會有東西出來的。很多人講的顯化有其道理，重點是要知道怎麼正確地闡述願望。如果許願時都在說「我想要」、「我希望」，那就是在跟宇宙傳達：我現在沒有這個。也就是你在強化一種「欠缺」、「不圓滿」的狀態。

　　建安學院的蔡老師常說，你會發現越用力越用心生活的人，生活都不好；那些拼命強調養生的人身體都不是很好。因為他一直害怕他不好的地方，他一直覺得自己需要強化和改善。其實，只要用對了方法，所有事情的轉變都會一步步地呈現在你面前。用另一個維度的思維去看這一切，你會有所感受和收穫。

我親身印證了什麼叫做「危機就是轉機」、「每件事情不是得到就是學到」、「什麼事都有無限可能」。因為詐騙事件，我接觸了虛擬貨幣圈，見識到不同的領域和文化，看到更多世界、獲得新視野。也因為詐騙事件，我常常去建安學院上課，透過不斷地校正自己的心態，拓展了心靈的疆界。我眼中不再只有當前這個世界，而是更多世界的多重宇宙。每件事情的發生其來有自，而未來怎麼演變，完全取決於當事人如何看待它。

　　我時常覺得過去、現在、未來這三者是完全沒有關係的，過去不會影響現在，也不會創造未來。以前我們三維的思維是：因為過去造就現在，而現在又創造了未來。然而實際上，每一個時象空間都是獨立存在的。過去的我們與現在的

我們看似處於同一個世界，但都是個別獨立存在的，沒有所謂的過去影響現在、現在影響未來。

這就是為什麼有時候，當我們去某個沒去過的地方時，卻覺得有點熟悉，或某個人我們一看到就覺得似曾相識。因為可能在某個時象空間裡，我們是曾經去過、見過的。過去、現在、未來，這三者可能同時發生，但都是獨立存在的。所以曾經發生的事情，如果不能好好地結束，或沒有完全跳脫出來，那麼類似的事情還是會重演，你最害怕的事會一直降臨到你身上。

能有這些感悟、反思和信念，完全是我切身體會出來的。其中，我在建安學院習得的心靈法門、以及那裡的導師和家人助我良多，不斷地在精神上給予我能量，支撐我走過這艱苦的一年。我清楚看到自己心靈上許多懵昧不清和卡關之

處，而在徬徨無助中，是那些信念指引我從黑暗的迷途中走出來。

為了讓大家更了解建安學院，以下是建安學院蔡建安老師的訪談紀錄，希望有助大家初步認識建安學院，並能理解為何它帶給我如此大的力量。

問：是在什麼因緣際會之下成立了建安學院呢？

答：起初是因為我做心理輔導的關係，在輔導過程中看到有一些人，他們對人生對生命有很大的疑問，同時我也能看到有些人的人生過得有些辛苦，再加上我自己對生命的探索很感興趣，一直想要去釐清哪些因素和個人成長的背景有關。一開始本也沒有想要當老師，雖然我的輔導

並不收費，但是我不想浪費對方的時間，也不想浪費自己的時間；而且，有很多人對生命的疑問是很相似的。所以2016年我開始講課，走到後來2018年底成立了建安學院，然後慢慢地一直走到現在了。

我覺得老天爺給我這個技能，包括14歲開始算命、15歲幫人看風水、後來成立建安學院，目的是為了回饋社會。在學院中，無論是家人彼此之間的陪伴也好，能夠讓大家了解何為理性生命也好，這些都是我願意做的。

問：當初我本身發生這個詐騙事件，那時候也來請教過老師，請老師幫我做象棋卜卦，卜出來的結果是這些錢是回不來的。但是後來因為我不斷來上老師的課程，之後也不斷地依著您的教導做操作，然後就發現，很神奇地這個劇情改變了。

答：簡單來說，建安學院有一個課程叫做「遇見生命的無限可能」，事實上這個事情就是我們生命之所以會有侷限性，是因為我們執著在這個個別意識資料庫，我們障礙了它。舉個例子，比如說一個人他內在的程式裡面寫著：天下沒有白吃的午餐，這就是叫他別不要好高騖遠，要專注不要三心二意。如果這個內在程式沒有解開，就代表他命中註定不可能會很有錢，他命中註定這輩子只會實現賺工錢的可能性，所以這個叫做註定。

今天假設他的個人資料庫裡面，累世以來種了多少善的因子，如果他只著眼在這個地方，順著它發展下去開花結果，能夠有多少福報就是註定的。就像在物質世界來講，每個人能力是有限的，每個人一天都只有24小時。可是有人通過創業，就像王永慶、郭台銘，他們有百萬的員工，實際上這百萬員工的時間就是他的時間，這叫時

間的倍增。所以他可以整合，可能我們自己沒有那個能力，可是我們可以去整合這些人的能力。可是絕大部分物質世界人都認為他只有這個能力，所以如果單獨我來評估你的能力，我要告訴你，這輩子你絕對不可能有上億的資產，因為一天只有24小時。

那這句話是對的嗎？這句話是對的，可這是以這個資料庫結構來看。所以當初卜卦時，這個錢拿不回來代表一件事，就是你的個別資料庫裡面，其實並沒有可以把錢拿回來的可能性。那什麼叫遇見生命的可能？就是因為資料庫裡它本來就存在著各式各樣的可能性，只是我們原本物質世界沒有太多的資源，我們就認為那個東西是出不來的。就像醫生會告訴你唐氏症不可能恢復正常，醫生告訴你先天障礙不可能恢復正常，醫生告訴你中風整個手都變形了不可能恢復正常，醫

生告訴你得了老年癡呆也不可能恢復正常，可是為什麼在這裡很多人可以恢復正常？

其實醫生講的是對的，就像我當初告訴你，這個錢拿不回來這句話也是對的，就像是站在醫生的角度來看的。但是以醫生的角度來看，其實他本來就可以跳到這個可能性，這個可能性就是可以讓你把四千多萬拿回來。只是這四千多萬拿回來的可能性有各式各樣，有一種可能性就是一樣是通過原本這個系統把錢拿回來，也有可能是通過其他的可能性回來。總而言之，我們人生會經驗這個劇情就是因為有這個資料庫的存在。

就像之前有一個家人他被詐騙了五千多萬，他那時候來找我，哭著說他怎麼那麼笨啊？相信那個從來沒有見過的人，他也是被香港那邊詐騙的。他那時候沒有跟我講被騙了多少錢，我說可

以幫你看一下命盤。用象棋占卜抓五支棋出來，我就說教你怎麼看命盤。這裡有一支黑卒吃其他的棋，大概損失1000萬，這一支帥大概2000萬，再一個車，最後加一加我問他：你是不被詐騙了5000多萬？

他驚訝地說：對！我說你的資料庫裡面就有破財5000多萬的資料，只是以詐騙這樣的方式實現了。我跟他說你絕對不要再用反省檢討的思維，你一反省檢討，這個資料就永遠都會在。我跟他說這個資料實現出被詐騙5000多萬，如果不是以被詐騙的方式，依照這個資料照樣會破財5000多萬。如果不是你被詐騙這件事，有沒有可能變成是你開車撞死兩個人，要賠給人家5000多萬；有沒有可能換成你家發生火災，燒到隔壁鄰居還燒死人可能要賠償人家5000多萬，這些其實本來就是有可能發生的。

那些資料是你祖先和過去界留在你資料庫裡的，但那些資料其實不是你的資料，那你去懊悔那個資料，不覺得你太閒了嗎？那個資料又不是你的，是我們祖先留下來的記憶。所以這是一個很重要的概念，叫做「離相」。因為離相以後我們才不會當真，如果你不離相，把它當真，你就會一直執著這個能量場。執著這個能量場，就會如實體現出這個劇情。

　　前不久有一對夫妻來找我面談批命，我就問他幾年次，他說74，我說你是不是要問我破財1500萬跟官司的事？他驚訝地說你怎麼知道？我說這上面就寫著破財1500萬和官司啊，我教你怎麼看，因為資料上就是這樣寫的，既然資料就是這樣，這就叫「命中註定」，因為你只有這個資料。

所以就像當初那個時候跟你講這個錢拿不回來，就代表因為你的個別意識資料庫。目前的資料上呈現本來是不可能的，但是我們透過這個理解，就能讓原本的不可能變成可能，就像醫生講的不可能，事實上可以變成可能啊。

其實這個概念在各式各樣的宗教裡都有了，不管是賽斯也有，宮廟也有，教會他們其實都有，只是我們試著用科學邏輯的方式讓大家能夠做得到。不需要依靠什麼上師啊之類的，只要明白了，我們自己都可以做得到。

問：您對未來的建安學院有什麼樣的期許？

答：最近這一年多，有計畫想要把課程變成動畫。我前幾天在整理這個月底西湖渡假村兩天

活動的資料，在整理《阿乙莎靈訊：活出靈魂的最高版本和未來世界的行動指南》這本書，也就是靈界的源頭傳遞了一個訊息，包括賽斯的《靈界的訊息》一書也證實了這件事，這個訊息應該是沒有錯誤的。它裡面有提到，大家都知道地球正在進行意識揚升，那揚升要怎麼揚？《阿乙莎靈訊》裡面就提到了揚升的結構，地球之所以很重要，是因為地球位於宇宙的中軸。地球如果是一個意識體，臺灣就是地球的松果體。其實人類的意識揚升就是指松果體先行揚升，再擴展到全體的揚升。

臺灣現在大概有五萬人已經覺醒了。所謂的覺醒跟開悟一樣，覺醒就是你有跳脫維度的意識了，你終於深刻地明白到你真的不只是你，你終於深刻地明白到，其實這個世界是我們的意識資

料所實現出來的幻象。當你了解到我們常說的垂直思考、三輪體空、五蘊皆空、一體平等…，當你理解這些概念的時候，其實就是俗稱的覺醒。

　　沒有覺醒的人，他所有的專注力都集中在物質世界，不管是名利地位、財富這些東西，他認為這個物質世界才是真實的，這也是我一直以來努力開解的著力點。覺醒的人類雖然也不會放棄這個物質東西，可是他已經開始用不一樣的維度去看待這一切，那是有覺醒跟沒有覺醒的差別。地球要順利揚升的話，臺灣必須要有500萬人覺醒，然後中國這條龍就會甦醒；中國甦醒的時候，就會帶動歐亞大陸整個甦醒，地球就揚升了。

　　我們最近有不少人也覺醒了，包括3月12日國父紀念館活動的主持人，他是臺灣觀光旅遊總

會的，學過很多東西，他甚至還花了4500萬代理了身心課程，且他幾乎大部分身心靈門派都有涉獵。他跟我說：「蔡老師，其實臺灣要500萬人的覺醒，臺灣有1/4的人是學生，而且臺灣有很多都是老人，你要如何讓這些人都可以覺醒？」

他說只有一個可能性，就是我們建安學院的「遇見」課程。這套課程有很多小朋友來上，很多學生一再來上，很多七、八十歲的人都還會一直來上，為什麼呢？因為要讓一個人真的覺醒的話，上課是最簡單的方法。一個人只要願意專注聽一天的課，其實就已經可以開啟覺醒的這條道路了。他只要多上幾次課，當他通透了、終於明白過來，其實就可以叫做覺醒的人了。

為了成功揚升，臺灣要有500萬人覺醒，基本上，透過「遇見」課程是最有可能實現的，大概也是目前我們所知的學派中唯一的可能性了。現在其實有很多資源，臺灣國中小學跟青少年有關的教育協會的總會長也都來上課，他也希望「遇見」中有些要素可以讓學生們慢慢從國小、國中、高中就開始明白。其實「遇見」之後的這個「明白」，實際上就是建立覺醒的基礎了。先讓你有見地之後，又經驗到這個境地為你的生命帶來的收穫，就可以有效地達到覺醒這樣的目的。

　　我對這個學院本身沒什麼特別的期待，但是我對於這個「明白」，希望可以詮釋到讓更多的人能懂。我在上課的時候，其實沒有想要建立自己什麼派別。我希望各式各樣的宗派，包括各式各樣的課程：不管是身心的課程、成功學的課

程、或是教育的課程，他們上課的時候可以加入這個「遇見」的「明白」，這樣可以讓他們原本的教育幫助到更多人。其實很多的法門都很好，只是如果沒有高維的見地，很多法的效果是出不來的，甚至還可能會產生一些不好的作用，這是要特別小心的地方。

Chapter 6

第六章

感恩　讚嘆
遇見生命的無限可能

在追回全部的詐騙款項後，我連本帶利清償了所有的貸款和私人借款。付完最後一筆律師費用之後，還剩些餘款項。我想到有很多人，也許只是負債幾十、幾百萬便走上輕生之路，心中感到有些難過。所以我用剩下的錢在今年2023年3月成立了潤材管理顧問有限公司。成立這家公司的宗旨，主要是希望可以輔導或陪伴一些正在困境當中的人。因為當初我一路走來，也是有建安學院的家人的陪伴、提醒和支持，才讓我順利地度過那一年的難關，得以成功改寫人生的劇情。

　　藉由舉辦一些講座和進行個案輔導，我希望以自己為鏡，鼓勵那些身處低谷中的人們。也許生活看似毫無希望，但只要不放棄，終歸是有辦法的。我想發揮自己一點小小的力量，也許改變不了太多人，但可能有些人聽了我的現身說法，想法會有所改變；即使只有一點點也沒關係。

每次座談會結束之後，我會接受聽眾的個案輔導。在每週二的下午，每一個案輔導半小時；沒想到從6月到7月的預約全部額滿。有些人是在建安學院上課時，聽過蔡老師提起我的案例，好奇地想要了解來龍去脈而報名參加座談會。而在過程中，他聽到了什麼觸動了自己的問題，進而申請個案輔導。

　　前兩次座談會中有一個環節是讓參加的人自我介紹。我聽到那些經歷都覺得，怎麼有人的生命是這樣子的呢？例如2008年的雷曼兄弟事件，有人說他受到的打擊經過了五年才慢慢走出來。我問他說：請問你的錢是借來的嗎？他回答不是，都是我自己的錢。我再問：你沒有欠別人錢吧？他說沒有。我又問他：那你這五年在做什麼？他說覺得那五年每天都渾渾噩噩、生不如死。因為最近這兩年他又被騙了，大概損失300萬左右；且這事情還沒結束，到現在都還在處理中。

在還沒有聽到我的案例之前，他又過著從前那種深受打擊、萬念俱灰的生活。當他知道我的親身經歷的時候，覺得十分震驚！所以他參加了我的個案輔導。這就是我為什麼要成立這個管理顧問公司。我想用座談會和個案輔導的模式，讓我幫忙他們找出當下經歷的情境究竟是要告訴他們什麼事。

很多事情人們只看到表面，不知道其中運作的原理。建安學院的老師教了他的方法，但很多人只是聽一聽，並沒有真的去實行，真的很可惜。假使一堂課有100個人，那真的依照老師的教導去做、或落實在生活上的，大概不到10個人。我希望用座談會的方式來做實例見證，參加者也可以在現場分享自己或家人經歷過什麼樣的狀況，互相交流彼此的經驗。一場座談會的名額是25人，但最後實際到場的常將近40個人。每

次都滿滿的人，表示有很多人需要這樣的座談
會。

　　而報名座談會的規定，是必須先上過建安學
院「遇見生命的無限可能」（亦即前面提到數次
的「遇見」）一天的課程才能報名，否則會聽不
懂我談話中使用的詞彙和意義。例如我說：你不
要這麼用力，可不可以鬆一點？或者我說：其實
人生就是一場夢一場遊戲，那麼認真做什麼？如
果沒有上過建安學院老師的課，是不會明白為何
我這麼說的。就算來做個案輔導，我用的詞語對
方也無法理解。

　　我上過建安學院的各種課程，在思維和心態
上得到很多提升，這些精神上的啟發幫助我從那
場極大的困境中走出來。所以我想要複製這樣的
模式，用同樣的方法去幫助更多的人、回饋給社

會；同時，也是真心想為未來的建安學院付出一份心力。

　　人這輩子重視的不過三件事：財富、健康和感情。我發現很多的家人，都認為自己的感情是沒有問題的，都只想追求財富啦、健康啦，可追根究底，會發現所有問題的來源都和感情有關。就像我，也是因為感情的空洞，才會被詐騙集團趁虛而入。

　　這裡來聊聊我自己。我從小在充滿愛與包容的環境裡長大，這一點已經勝過很多家庭了，我也為此深感慶幸。可能也是因為這樣的背景，給了我勇於面對人生所有苦難的底氣和信心。母親雖不識字，但常常說出許多有道理的話，像是：「不要香也燒了，菩薩也得罪了！」意思是：「既然要燒香拜佛就要虔誠，不要一邊燒香祈求

菩薩保佑，一邊又埋怨為什麼菩薩都沒如我的意！這麼一來，不是連菩薩也得罪了嗎？」這些話我深深記在心底，後來運用在待人處事上，明白了充分授權、完全放手、拿捏分寸的道理。

父親則是個表面嚴肅，內心卻無比柔軟的大男人。小時候父親逼我練毛筆字，要我「筆心對鼻心」。小小的我連毛筆都拿不穩，哪對得了鼻心？他冷不防地就給我後腦勺來上一巴掌。從此，我永遠記得寫字要端坐，筆心要對準鼻心。

就讀台中女中時，有一天我騎腳踏車上學途中出了車禍，被救護車送往平等澄清醫院急救。因為有腦震盪的跡象，我在床上躺了一個禮拜。住院期間，是父親不分日夜貼身照顧我。現在想起來雖然記憶有些模糊，但他的細心呵護，讓我充分地感受到了一個父親對女兒全然付出的愛。

父親在台中地方法院民事執行處擔任執達員，經常要跑外地出差，工作非常辛苦。但無論他幾點回家，我們一定都會等他抵達家門後，再全家一起吃晚餐。餐桌上大家邊吃邊聊，分享今天發生的生活趣事。所以，雖然我們全家只有5個人，但晚餐時光對我來說，就是每天全家團圓的時刻。

　　我大學聯考時落榜，因為我只填了一個志願：政大新聞系。父親要我考夜間部，我說，寧可考三專念三年，也不要花5年的時間去唸夜間部。這是時間成本。後來，我以高分錄取世新編採系，完成了我念新聞的心願。

　　打從大學二年級起，當同學們都在熱衷社團時，我已在報社擔任實習記者。在採訪的過程中，我深深體會到，如果要寫出精彩的文章，一

定要先設定好採訪時的提問。兩年的實習記者生涯，奠定了我日後新聞寫作採訪的基礎。而畢業後，才是人生真正的開始。

新聞記者的工作，讓我每天都充滿好奇。我不知道今天會發生什麼新聞，但我知道每天都必須要寫3000字的新聞交稿。所以，我學會了佈局，讓新聞發生的時候我不至於漏接。這就像是人脈的連結，環環相扣，缺一不可。

回顧記者生涯，最懷念的是跑藝文新聞的那幾年。我結識了許多位藝術家，增加了藝術方面的內涵，也培養出收藏藝術品的興趣。後來因為升遷無門，我離開了新聞界。當時覺得自己是英雄無用武之地，但後來想想還真是明智之舉。之後轉戰保險業，起初被很多人看衰。他們認為我是眼睛長在頭頂上的無冕王，怎麼可能卑躬屈膝

的去「拉」保險？我那時的想法是，你們不必懂我，我做給你看。

　　當年要做保險業務員需要考證照，為了證明自己，我非常認真用心準備，果然考了個滿分。同事們都知道我是記者轉業，對於我的成績，有人讚賞也有人酸語，說會考試的不一定會做業績。我聽在耳裡記在心裡，決心一定要做出個局面來。

　　主管說，客戶名單要列100個，我聽話照做。主管又說，你從哪裡來，回到哪裡去。我回頭去找過自己當記者時的人脈，但，那個年代的記者主觀意識極強，保險觀念又差，我兜兜轉轉繞了一圈，最後只有一位捧場。此時我終於認清，選對客戶才是重點。之前還在跑新聞的時候，認識了教育局的一位課員，後因他接任台中

女青商的會長，所以特別邀約我加入。進入社團才知道，這，就是一個小型社會。我在社團的角色，是屬於不沾鍋型。想著既然加入青商，就好好學習吧！練就了奧瑞岡辯論比賽的辯才，也學習跟別人合作，更一舉拿下全國金口獎的冠軍。我還記得，當時現場已經比過好幾次全國決賽的選手在問：這個傢伙是誰？我更清楚地記得，當時三分鐘即席演講的題目是：如果我是今天的冠軍。結果，我真的成功拿下冠軍！

而在保險紮實的教育訓練下，我運用了曾為記者的靈活性，擔任了大小場活動的主持人。我還跟張廖萬堅一起主持過一場慈善活動，配合得極有默契。

於是我投身保險業至今。經常有人問：你怎麼可以一個行業做那麼久？不會倦怠嗎？如果

純粹以賺錢的角度來看，我應該是要倦怠的。賺錢，也是會累的。但是，我在這個行業裡找到了自己的價值，那種被人需要、被人信任，走到哪裡都可以當小太陽的價值。熱誠、樂觀、面對問題不逃避退縮，下決定不猶豫不決。我希望在朋友們需要的時候，自己可以當他們的支柱。

當然，我自己也需要支柱、需要靠山。只不過一個人生活久了，自然就會產生力量，讓自己成為自己的支柱，成為自己的靠山。不是有人說過，獨立就是卓越嗎？如果說，人生七十才開始，那我很慶幸在還未七十之前，就遇到了這個超級詐騙事件。因為現在的我，還有心智、體力去面對。

2022年是我有生以來最淒慘的低谷。不過，我始終堅信一定會峰迴路轉。不知道是哪門

子的信心，但我就是這麼堅定地認為。在每個月都要四處借錢的痛苦日子裡，有太多貴人出現在我身邊，他們不求回報地給予我支持和救援，有如天降甘霖般讓我一次次度過難關。

　　姊姊是一直陪在我身邊最最重要的親人，也是我的貴人。他是我的支柱跟靠山。在我真的卡關過不去時，他把用私房錢買的七枚黃金紀念幣都給我，讓我變賣換得17萬元，在最後及時過關。除了他，還有姊夫跟他們的兩個兒子、兩個媳婦，都曾在緊要關頭的時候支援我。

　　另外一位姊姊的摯友，雖然跟我只有一面之緣，但在得知我急需一筆錢時，健康狀況不佳的他隔天一早帶著外勞，包了輛計程車外出，分別至兩家銀行提領現金交給我，並跟我說：「不要放在心上，每個人都會有困難的時候。」我當場

含著眼淚，緊握著他瘦弱的雙手。再多感謝的話也無法表達我當時激動的心情。

再聊聊我的小情人——我最親愛的兒子。在事情發生後，他主動幫我聯繫香港警方，讓我在第一時間就與他們搭上線。同時，我在極短的時間將所有匯款資料傳給他們建檔，讓香港警方後續發現可疑帳戶後能即時凍結。而委託的香港律師，也是經過朋友介紹後做出的選擇。兒子也主動跟律師事務所聯繫後，請他們打電話給我，一番討論最後敲定簽約，讓一切都能在我的掌握中進行。

而超過上百萬元的律師費，多虧有貴人S姐。他也是我的債權人之一，詐騙事件發生後，我尚未還他一分一毫時，又請他借我一筆律師費讓我打跨海官司、追回詐騙款項。那天在和S姐

碰面之前，我運用了建安老師所教的療癒淨化、顯化。因為S姐也是建安家人，我們的頻率一致，相信我說的話他都能聽得懂。感恩讚嘆意識界的無限可能，S姐答應我出借這筆律師費用，讓我終於能順利與律師簽約。

　　有人常說，你這個人有貴人運。想想我真是太幸福了，在2022年墜落人生谷底之時，有這麼多位貴人陸續出現在我的生命裡。雖然當時並不知道事件的結果會如何，但因為有他們的陪伴，讓我更有勇氣去面對每一天。曾經有人說：即使將全世界所有的黑暗都加在一起，也不足以熄滅一支小蠟燭，難道不該感謝點燃燭火的人嗎？

　　這次的詐騙事件，就像是一齣精彩絕倫的連續劇，有扣人心弦的劇情，更有各種不同的角

色，大家都非常投入地演出。曾經，我在這部劇中只是一個被害者的角色，但透過建安老師教導的1350法門，每天早晚2次宣告、療癒淨化及顯化，不帶有任何解決問題的意圖，慈悲療癒操作到位，竟然真的改寫了劇情！他人口中的不可思議，於我而言卻是理所當然。

2022年的1月，我確認被香港詐騙集團詐騙。2023年3月初，4300萬的詐騙金額全數飄洋過海，回到我自己的帳戶中。整整14個月，我歷經曲折離奇、峰迴路轉的戲碼，不但是這齣戲的主角，更是不斷改寫劇情的編劇及導演。

生命，原本就是豐富的。感謝這次詐騙事件的劇情示現，讓我釐清結構、理性接納、揚升共振！目前劇情還在持續進行中……我，一定會遇見更好的自己。

至今我仍維持每天早晚二次念療癒宣告文（註），而宣告其實就會產生能量，在念宣告文的時候，注意不要帶著解決問題的意圖去觀想。療癒的對象是眾生，而非針對某一個特定的人。從意識界到現實界的顯化，一開始都是先顯化共同的資料庫，所以，不要對別人發脾氣，因為那個令你生氣的人不是他，而是那個資料庫的資料這麼寫的。要先把意識界的資料庫刪掉再做顯化；有如容量已滿的電腦，必須刪掉不要的陳舊檔案、清出資料庫的空間，才能再放入新的檔案。在意識界裡，人是無所不能的，所以，當你的維度可以提升到意識界，便可無所不能。

註：宣告文如下

我要宣告，我要以正確的垂直思考、三輪體空、五蘊皆空，來取代舊有的橫向思考跟執著住相。今天一整天，我知道，雖然我頭腦舊有的思維可能還是會習慣性地以橫向思考來看待這個世界，以及所發生的事，但這並不影響我有垂直思考的理解，明白真正的因是意識資料庫，這個世界只是三輪體空的果。所以我很清楚地知道，無論今天我經驗什麼樣的劇情，會有著什麼樣負面的情緒跟想法，那都只是因為我的資料庫裡面有些什麼，所以才改變光子的排列組合，示現讓我經驗這樣的劇情；只是看誰來扮演這個劇情的角色而已。所以，沒有所

謂的加害者與受害者，當然也沒有誰對誰錯。沒有拿起來，所以不需要學會放下。沒有誰對誰錯，就也就不需要修煉寬恕與原諒。

這個「明白」讓我想做的只是：「幫助那些還在其他時空有著無名執著於傷痛經驗的自己跟祖先，做療癒淨化。」而不是：「無謂的檢討，責備自己或他人。」加上我已明白了五蘊皆空，所以雖然我的頭腦可能還是會習慣地去分辨好事或壞事、好劇情或壞劇情，但這並不影響我已經清楚地明白那只是一個劇情、一個資料。雖然我的「小我的意識心」可能還是會

有著害怕失去、渴望被認同或想要掌控的情緒，但這並不影響我已經清楚地明白，那只是資料庫的作用。

我會用平等真心去面對所發生的一切，我會用愛去接受它，不會去否定它。我會用愛去幫助那些還在其他時空有著無名執著與傷痛經驗的自己以及祖先，用慈悲祈禱與噴瓶，幫助他們得到清淨和解脫。最後，因為我明白了這個世界唯一的真實是「此時此刻」我的資料庫所示現的這一切，所以我會用賞識讚嘆的眼光留意身邊的美好，全心全意地專注在每個當下來到我生命中的人事物。

四千萬跨海詐騙案：
奇蹟般追回全額！她，走出黑暗，活得更燦爛！

作　　　者／黃定宜
主　　　編／車姵萲
副　編　輯／林朋襏
出 版 經 紀／凱雅郡股份有限公司
出 版 企 劃／呂佩霓、黃柏勳
文 字 編 輯／陳昭如
贊 助 出 版／潤材管理顧問有限公司

責 任 編 輯／謝孟融
美 術 編 輯／賴　賴

總　編　輯／賈俊國
副 總 編 輯／蘇士尹
編　　　輯／黃欣
行 銷 企 畫／張莉滎、蕭羽猜、溫于閎

發　行　人／何飛鵬
法 律 顧 問／元禾法律事務所王子文律師
出　　　版／布克文化出版事業部
　　　　　　115 台北市南港區昆陽街 16 號 4 樓
　　　　　　電話：（02）2500-7008　傳眞：（02）2500-7579
　　　　　　Email：sbooker.service@cite.com.tw
發　　　行／英屬蓋曼群島商家庭傳媒股份有限公司城邦分公司
　　　　　　115 台北市南港區昆陽街 16 號 5 樓
　　　　　　書虫客服服務專線：（02）2500-7718；2500-7719
　　　　　　24 小時傳眞專線：（02）2500-1990；2500-1991
　　　　　　劃撥帳號：19863813；戶名：書虫股份有限公司
　　　　　　讀者服務信箱：service@readingclub.com.tw
香港發行所／城邦（香港）出版集團有限公司
　　　　　　香港九龍土瓜灣土瓜灣道 86 號順聯工業大廈 6 樓 A 室
　　　　　　電話：+852-2508-6231　　傳眞：+852-2578-9337
　　　　　　Email：hkcite@biznetvigator.com
馬新發行所／城邦（馬新）出版集團 Cité（M）Sdn. Bhd.
　　　　　　41, Jalan Radin Anum, Bandar Baru Sri Petaling,
　　　　　　57000 Kuala Lumpur, Malaysia
　　　　　　電話：+603- 9057-8822　　傳眞：+603-9057-6622
　　　　　　Email：cite@cite.com.my
印　　　刷／韋懋實業有限公司
初　　　版／2024 年 03 月
定　　　價／380 元
I S B N／978-626-7431-29-0
E I S B N／978-626-7431-34-4（EPUB）

城邦讀書花園　布克文化
www.cite.com.tw　WWW.SBOOKER.COM.TW

本書各章節精彩照片

圖1：香港賽馬會的投資申請書（此為詐騙文件）

圖2：趙志遠的弟弟趙志豪的匯款單據

中倫律師事務所有限法律責任合夥
ZHONG LUN LAW FIRM LLP

Bill : 22068
Date : 16 February 2023
Our Ref. : 811201-001/FH/KYAU

To: BY EMAIL ONLY

Ms. Huang, Ting-Yi (黃定宜)
臺灣省臺中市臺中市北屯區三民路三段 (?甲)
普通(住二與)(?段 ? 1 段)

Re : HCA 1080/2022

	HK$	HK$
TO OUR PROFESSIONAL CHARGES for services rendered in connection with the above matter for the period from 26 November 2022 to 15 February 2023 :		
- Representing you in HCA 1080/2022: including but not limited to obtaining sealed copy Garnishee Order Absolute dated 24 November 2022; drafting various letters to Standard Chartered Bank ("SCB"), Police and Judgement Debtor regarding Garnishee Order Absolute; perusing, considering and exchanging various emails and letters with SCB, Police and you; attending various telecons with SCB, Police and you; and general care throughout	$50,000.00 (Agreed fee)	
TO OUR PROFESSIONAL FEES :		$50,000.00
Other Charges		
Printing, photocopying charges, postage and courier	$175.00	$175.00
TO OUR PROFESSIONAL FEES AND OTHER CHARGES :		$50,175.00
BUT TO YOU SAY:		$50,000.00

* Please note that we have implemented new hourly rates effective 1 January 2023 pursuant to our Terms of Business. Details can be obtained upon enquiry

A member of:
TERRA LEX

中倫律師事務所有限法律責任合夥
ZHONG LUN LAW FIRM LLP

Page(s) : 2

STATEMENT OF ACCOUNT

	HK$	HK$
Costs on your account		$11,431,244.31
Less: amount of this bill		$50,000.00
Amount to be refunded to you		$11,381,244.31

With compliments,

ZHONG LUN LAW FIRM LLP

* Please note that we have implemented new hourly rates effective 1 January 2023 pursuant to our Terms of Business. Details can be obtained upon enquiry

圖3：與香港律師事務所簽立之合約

香港警務處
東九龍總區總部
黃大仙區
九龍黃大仙沙田坳道2號
致：████先生

授權書

報案編號：WTS RN 22001441

本人，黃定宜 (護照號碼：██████)，現授權中倫律師事務所有限法律責任合夥代表本人處理與題述案件相關之事宜，包括但不限於向香港警方索取與題述案件相關的文件及資料，以及與香港警方就題述案件進行聯絡工作。

簽名： 黃定宜

姓名： 黃定宜

日期： 2022/07/12

圖4：給香港律師的授權書

本書各章節精彩照片

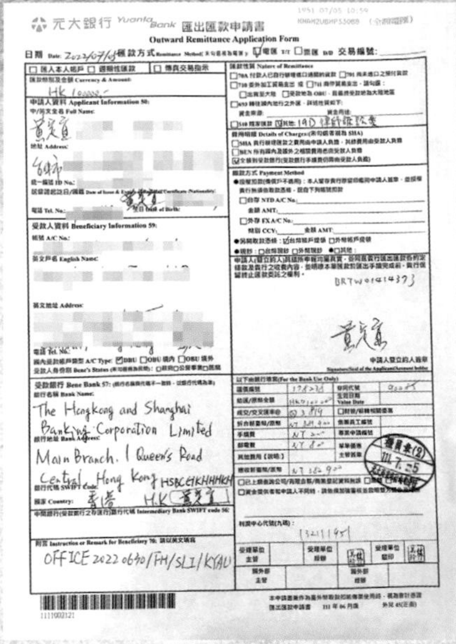

圖5：匯給香港律師事務所第一期費用水單

圖6：匯給香港律師事務所第二期費用水單

圖7：香港渣打銀行開立支票返還款項予代表本人的律師事務所

圖8：律師事務所扣除第三期律師費用後匯回款項之水單

本書各章節精彩照片

圖9：1350的意義 — 建安國際學院蔡建安老師課程提供

圖10：姊姊給的紀念金幣

圖11：姊姊給的紀念金幣

圖12：姊姊給的紀念金幣

本書各章節精彩照片

圖13：姊姊給的紀念金幣

圖14：貴人們齊聚一堂的感恩餐會

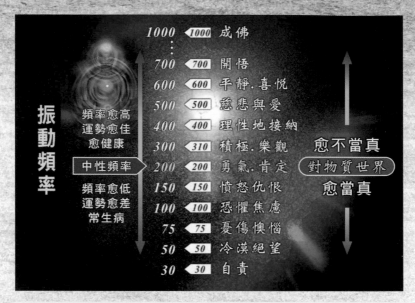

圖15：振動頻率－建安國際學院蔡建安老師課程提供

圖16：作者參加活動的照片